INFECTIOUS GENEROSITY

The Ultimate Idea Worth Spreading

CHRIS ANDERSON

慷慨的感染力

在善良被低估的年代，讓善意泛起漣漪

克里斯・安德森——著

王曉伯——譯

獻給那些不吝付出者與未來的付出者

來自各界的最高讚譽

作者所倡議的散播慷慨之道，讓我深受鼓舞。每個人與生俱來都有歸屬感的渴望、與人連結的需求，只要能透過有效的方法來喚醒每個人的內在需求，加以連結起來，透過網路的連鎖反應不斷放大，將可以改變社會的氛圍，讓這個世界變得更好。

拜讀完此書，也讓我樂於加入「被感染」並且去感染他人的行列，讓社群媒體平台成為美好人事物的匯聚之地，而非詐騙溫床或怒火製造機。誠摯推薦此書，也期待您成為散播慷慨的一份子。保持心中的光，莫以善小而不為，因為你永遠不會知道什麼時候誰會藉著你的光而走出黑暗。

◉愛瑞克，《內在原力》系列作者、TMBA共同創辦人李明娸小姐曾邀請我在一場六十人的讀書會上，以《人生路引》為主題演講。關於講酬，我請他們捐款六萬元給早產兒基金會，確認捐贈後，我個人另捐六萬給罕病基金會。雙方都完成捐贈後，因疫情波動，不適合室內集會，演講雖未舉行，但兩股暖流，已撫慰人心。

東華大學化學館因震損而勸募，十年前我曾受邀演講，心中不忍，就循學校官網指引捐了五萬元，我也在臉書上發布。隔幾天，齒顎矯正專科醫師林泰興院長私訊我，他也捐了一筆五位數的款項給東華，聞之則喜。

我花了八萬一千元，購買兩百本《一代醫人杜聰明》漫畫版，透過誠品基金會，捐到全台灣各級學校。我的臉友得知後，也陸續各自購買屬意書籍，循同一管道，把愛透過書本的形式，澤被學子。

以上三個故事，其實是同一個故事，都是關於慷慨的故事，也都是「慷慨的感染力」的故事。

十年前，我曾在巴西里約熱內盧的TEDGlobal現場，親炙本書作者克里斯．安德森的風采，今朝非常榮幸能為此書推薦。善用臉書或其他社群媒體，慷慨能感染人，涓滴終成巨流河。

◉楊斯棓，《要有一個人》、《人生路引》作者

閱讀過《抬頭苦幹》一書的讀者，應該都認同：我是因慷慨而受益改變人生的幸運者，啟發我在二十五歲自立後就走訪泰北關心美斯樂華人的發展；爾後三十歲開始投身公益，關心新移民，持續足跡遍及東南亞國家，並在緬甸偏鄉設立圖書館，昇華了自身生命的價值。「一方土養一方人」，我在臺灣升學創業的二十八年歲月中，一切就如我青少年時期在深圳新華書店所看到的一本書《理想的人生》描述的情境，受惠於別人的慷慨，也成為樂於分享的人。很榮幸收到時報出版《慷慨的感染力》這本書的推薦邀請，讓我發現此好書，相信透過閱讀，讀者們會如

我當年一樣獲得重大啟迪，手拿迎向豐盛人生的學習寶典！一起讓善不斷循環！

◉李三財，就諦學堂創辦人、賽珍珠社會福利基金會董事

過去有句話說：好事不出門，壞事傳千里。

在觀看新聞媒體時，的確會讓人感到世界的灰暗，壞消息似乎比好消息多很多，當然這也是媒體吸引流量的目的。

但網路時代來臨，消息管道不再只有新聞媒體獨攬資訊傳播，自媒體也能發揮起星星之火可以燎原之勢。

《慷慨的感染力》提及每個人都可以成為關鍵的火種，過去媒體的亂象使很多人對社會前景灰心，但自媒體能揭露更多社會的善行，使我們相信未來依舊美好。

善行值得被分享，好書值得被推薦，願善良的人都能發揮影響力！

◉鄭俊德，閱讀人社群主編

在讀亞瑟・布魯克斯的《重啟人生》時，作者叩問著：「最希望自己的人生能做到哪三件事情？」只有知道自己人生的使命才有機會讓自己此生能不留遺憾地實現。當時我在自己日記本寫下的答案，其中一條就是：慷慨於分享與給予。

雖然我在自己的日記這樣寫著，但邊寫下邊覺得自己此生的目標是否太難於實現，是不是也過於自以為是了？慷慨，好像必須極度的富有；慷慨，似乎意指自己擁有的比別人多；慷慨，是否自認為有能力給予，是不是過於自滿了？

我希冀自己是慷慨的，但一方面我也同時會懷疑自己是否真的有能力實現，我也同時會質疑自己的動機是否百分之百的純粹。甚至，我會想，當我認為自己是慷慨的時候，這是否還算是慷慨呢？真正的慷慨，是不是連這是不是慷慨都不該放在心欲念頭裡了呢？

當我有機會搶先一睹這本書，我覺得非常幸運，我也在這本書裡找到我想要尋找的解答。讀著作者克里斯・安德森細細解構、援用許多具體的全球實踐例子，說明「慷慨」是什麼、能是什麼、為什麼人人都需要、也都有能力得以慷慨。

當今環境與科技發展，當更多人是感受到混亂、焦慮、更多邪惡叢生之際，克里斯．安德森仍能看見人性之善，以及鼓勵更多具有感染力的慷慨行動。慷慨當然可以是源自本心的善良，但他也指出，慷慨可以是一種策略，無論是對於個人或是組織。慷慨可以不只是犧牲，而是還能夠創造更大利益的長期投資，他也在書中舉出各項現在就可以開始的慷慨行動建議。從為什麼、怎麼做，他也協助讀者們共同想像一個更好的世界——這個世界不只是為了自己，而是為了一個更好的明天。

我知道光是這樣的想像，就足以幫助更多人能從企圖和行動上，開始慷慨。我相信當你翻開這本書的這一刻，你已經決定要成為一個慷慨的人，這本書會是你很好的索引，願我們都能一起在這個路上，為自己和世界留下更多善良。

◉張瑋軒，女人迷創辦人、作家，著有《把自己活成動詞》、《親愛的別害怕與眾不同》、《我的世界一定要有貓尾捲捲巷》

警語：讀了這本書之後，你可能會有一股無法抗拒的衝動，想要挺身而出、有所作為。這是一本卓越非凡的書。

◉羅格・布雷格曼（Rutger Bregman），暢銷書《人慈》作者

這本書正是疲憊與被新聞疲勞轟炸的心靈迫切需要的禮物。我們現在身處於一個不斷被告知世界分裂、人們逞勇好鬥的時代，未來只會有更多的災難與絕望，所幸克里斯・安德森揭示了許多鼓舞人心的證據來彰顯強大又具有變革力量的慷慨──人類最美好的本能。這本書結合了無可爭議的數據與感人至深的故事。告訴我們一些微小的善舉竟然能夠創造出有如旋風般的慈善效果，而且這樣的慷慨就和任何一種細菌一樣具有感染力，真是令人額手稱慶。我飛快翻閱這本書，心中充滿喜樂、大受鼓舞、滿懷希望。

◉伊莉莎白・吉兒伯特（Elizabeth Gilbert），暢銷書《享受吧！一個人的旅行》作者

簡練深刻，這是一本了不起的書，為我們當代的關鍵性議題帶來重大影響。

◉艾倫．迪波頓（Alain de Botton），作家與哲學家

一本很棒的書——清雅、溫暖、充滿智慧又令人信服。

◉史迪芬．平克（Steven Pinker），作家暨哈佛大學心理學教授

思想深刻，引人入勝……這本書是一部傑作，而且十分重要。我要我認識的每一個人都來讀它——還有所有我不認識的人也是一樣。

◉安德魯．索羅門（Andrew Solomon），《正午惡魔》作者暨文化、心理學作家

真正的鼓舞人心之作……這是第一本有關人類慷慨的書籍，令人愛不釋手。它會改變你對周遭世界的看法。

◉伊莉莎白．鄧恩（Elizabeth Dunn），社會心理學家暨幸福學專家

暢銷作家、媒體先驅暨ＴＥＤ總裁克里斯，探討了人類一個關鍵性卻常被忽視的本能，以及我們應該如何激發它的潛力，建立一個充滿希望的未來。這是一本新年度的「必讀之作」。

◉《富比士》

一本激勵人心與合時宜地的書，能夠激發人們的善良本性，而不是強調最差

的……這是一幅幸福地圖，引導我們遠離兩極化與自私自利的社會，前往充滿希望與人道之地，那裡才是我們該去的地方。

◉《科克斯書評》，星級評論

目次

第二部 怎麼做：人人皆可發揮作用

第三部 假如：想像一個慷慨適得其所的世界

◎引言

你可能認爲重量僅及幾兆分之一公克的一組原子微不足道，然而就是這樣的一組物質，在經過些微變異之後於二〇一九年底入侵某具人體，引爆一連串的災難，導致全球逾七百萬人喪命，世界經濟停擺。

在新冠肺炎（Covid-19）帶來的各種教訓之中，意義最爲深遠的一項就是：你不需要巨大才能強大，只要具有**感染性**卽可。

任何一種能夠自我複製的物質都具有無遠弗屆的影響力。冠狀病毒就做到了，它們躲避人類的免疫系統，複製數十億個自己，然後使我們咳嗽、打噴嚏，經由空氣傳染給其他人。

但是世界上還有許許多多其他形式的感染。

我要告訴各位，有一種感染可以眞的讓世界變得更好。它是什麼？**慷慨**。如果我們能想出辦法讓慷慨眞正具有感染力，我們就可以扭轉世界現在愈演愈烈的分裂趨勢，引導世界進入一個充滿希望的新紀元。

慷慨？眞的嗎？

這確實是一個奇怪的字眼，也許還有些老派。做爲幫助我們對抗未來挑戰的力量，乍看之下實在有些弱。你，做爲個人，想展現多少慷慨都可以，但這種出於好心的個人善行與犧牲又如何能成就大事？

不過這就是重點所在。確實可以。任何一項慷慨的行爲都能夠產生巨大影響，**前提**是能從孤立事件跨越成具有感染力的行動。只要在形式上做些小小的調整，慷慨大度的行爲就能變得強大無比。本書將致力於告訴你如何做到。

慷慨的感染潛力來自於兩大關鍵因素的驅動：人性的本色，和現代世界四通八達的聯結。在後續章節，我會詳細描述如何喚醒深藏每人心底遭到忽視的特質，如何將它們結合起來，從而創造出慷慨之舉的連鎖反應。我也將說明網際網路能如何增強這種漣漪效果，成爲改變世界的力量。

網際網路無疑能夠促成各式各樣的感染，從社群媒體迷因到病毒式行銷無所不能。就和病毒的傳播一樣，人類是網路感染的媒介。病毒在人類的鼻子裡或肺裡複製，而網際網路的感染則是文字與影像在我們大腦中點燃，促使我們的手指按下讚或分享。

可嘆的是，線上傳播的感染有許多都是不健康的。廣告驅動的商業模式旨在讓人們離不開螢幕，社群媒體平台更將網路變成一具怒火製造機。在網路上，我們看到的往往不是人的良善面，而是進一步分裂我們的邪惡面。

我在本書將直接面對這個問題。和許許多多人一樣，我曾夢想網際網路會成為一股凝聚眾人的力量。而我直到現在也不願意放棄這個夢想。我相信讓網際網路重拾健康的途徑的確存在，方法就是由富感染力的慷慨大度擔綱主角。

事實上，本書是以兩個互補的主題為基礎：**網際網路能夠增強慷慨**，以及**慷慨能夠改變網際網路**。這兩個主題相輔相成。如果我們視網際網路為一個可怕且無人性的陌生人群體，隨時準備批判我們、利用我們，實在很難信任它不會濫用我們的善意。

但是如果沒有人願意秉持慷慨大度的精神盡力和網路上的他人交流互動，網際網路就無法發揮其潛在的良善力量。把今天的網際網路斥爲一種毒素蔓延的負面循環著實太容易了。我們的當務之急，是開始啟動一個正面的循環，讓愈來愈多人看到人性慷慨的一面，從而受到鼓舞，加入這股共善的力量。

我確確實實感受到這件事的刻不容緩。人工智慧（ＡＩ）即將顚覆世界，我們此刻正處於整個過程的早期階段。猜猜看，ＡＩ的力量源自何方？網際網路。從本質來說，那些最強大的ＡＩ系統都是設計成會消化人們在網路上發布的整體資訊，隨之創建出預測模型（predictive model）。我們願意仰賴由今天的網際網路所訓練的ＡＩ嗎？不！我們才不願意。許多危險內容將被放大，成爲我們擔負的風險。但是如果我們能夠設法引導網際網路變成一個更加友善、慷慨與正向的地方，對人類未來的影響不可估量。一方面帶來直接影響，另一方面能爲ＡＩ提供一個更爲健康的基礎資料庫。

你也許會認爲這個想法很荒謬，我們這些充滿缺陷的人類竟然想要克服網際網路的種種災難：分裂、虛假資訊、數據監控、網路成癮、社群媒體引發的不安全感，以及更多更多。我完全了解，但是我想懇請你暫且擱置這種看法。在不爲人知的地方，確有一些非凡之事正在醞釀，而且值得我們學習。

再者，我們**必須**處理這個問題。我看不出有選擇的餘地。我們共同的未來岌岌可危。說來矛盾的是此一問題的急迫性可能幫上我們的忙。危機感愈強烈，人類就愈傾向於從**小我**轉變爲**大我**。我們現正處於一個大家都**真正**憂心忡忡的緊要關頭，我想這意謂大家也渴盼著一股將我們凝聚在一起的力量。

好在，有感染力的慷慨的組成要素其實近在眼前，舉例來說，簡單、平凡、毫不起眼的善良人性。這種特質如今潛力無窮，能夠以前所未有的方式散播出去。

我們來看下面這則故事。你坐在車內，停在十字路口，車外突然下起傾盆大雨。你看到路邊有兩人淋得濕透，其中一人還坐著輪椅。你於是跳下車，跑到他們身邊，遞過手中的雨傘。毫無疑問，這樣的場景在歷史中無數次上演，每每發生在有人困於暴雨之時，可說是稀鬆平常。

但是，當同樣的事於二〇一二年的某天發生在華盛頓特區，坐在另一輛車內的陌生人錄下了這一幕。影片發布到網路後，在Reddit上吸引了數百萬觀看次數和超過九萬個按讚數。心有所感的網友紛紛留言：「我也想跟他一樣。」「讓我看了充滿希望。」「如果有人這樣幫我，我會情不自禁想把這份善意傳下去。」「我以後要在身邊多帶幾把傘。」

這樣一樁善行在網際網路時代之前，可能只對三個人有意義，如今卻激勵了許許多多的人。

而這種日行一善成爲網路爆紅影片不過是慷慨發揮感染力的一例，還有無數方法可以點燃這股火花。具有如此傳播潛力的舉動是人人都能著手去做的：一位退休工程師將其寶貴的專業知識上傳到YouTube；一位藝術家分享引人共鳴的作品；一個展現人類勇氣的行爲在社群媒體上鼓舞了數百萬人；一家公司免費提供其專業技術領域的免費課程；一個善於說故事的人刻劃出鏗鏘有力的理念，供線上社群提供資助。或者，就只是某人對生活中的平凡點滴興起感恩之情，決定將之傳遞出去而引發線上的連鎖反應。

身爲TED領導人的二十年間，我有幸近距離目睹許多對世界意義重大的發現、發明、科技與觀念的產生。有朋友問我爲何選擇此一主題來著書。我的回答是，做爲個人、組織領導人以及世界公民，我逐漸體認到，在我所學得最重要的教訓間，「慷慨」貫穿其中。長年來，TED都秉持著「值得散播的好點子」的信念，而我相信慷慨就是最值得散播的好點子。

怎麼可能？慷慨可以稱作一個點子嗎？說它是一種美德或人格特質不是更恰當嗎？沒錯，慷慨確實是美德和人格特質，但也是一個宏大且輝煌的點子，可以說是人類所採納的點子中最棒的一個。其理念就是**我們不該只顧自己，也應該為他人出力**。

如我們後面會看到的，慷慨是由深層的生物本能所驅使。但是這些本能太脆弱，需要我們具反思能力的心智予以強化與改進。每一種宗教與幾乎每一種文化，都存在著人們爲促進慷慨的作用而付出的種種努力，因爲慷慨是我們實現潛能的關鍵。慷慨促成相互信任，使合作變成可能；而合作讓我們得以創造文明。因此，慷慨就是人類所建立一切事物的核心，無論是已經建立的或未來可能建立的。

當然，建立一個蓬勃發展的社會所需要的不僅僅是慷慨。我們還需要各式各樣其他的驅動因素，包括法治與受規範的市場。這些因素在約束人性中「非慷慨」的一面發揮了關鍵作用，使其轉而爲共同利益做出貢獻。亞當斯密（Adam Smith）曾驚訝於人們彼此交易竟能帶來有益社會的效應，我們可以理解他的驚奇。數以百萬計的人主要出於自身利益而工作，卻能爲群體創造出共同利益，這確實相當了不起。

但是歷史告訴我們，人類所建造的所有制度都存在缺陷，需要不斷地調整與改進。這些改進的動力往往是對公益充滿熱情的人、受大公無私的慷慨精神啟發的改革者與倡議者。這就是我們對抗童工、奴隸制度、物價哄抬、環境汙染與各種不公平剝削的武器——這場戰鬥直至今日仍未止歇。網際網路有可能成爲與受規範的市場和法治同等重要的人類發明。它將我們連結在一起，爲人類的無窮潛力打開大門。但是就現狀而言，它存在嚴重的缺陷。網際網路正在聲聲呼喚懷有慷慨心胸的改革者，將其從惡意的放大器重新塑造成散播善意的園地。拜感染的力量所賜，我們每個人所能貢獻的超乎我們想像。

事實上，我們對自己生活所能提出的最簡單有力的問題也許就是：**我是一個付出者，還是一個索取者？**（Am I a net giver or a net taker?）這個問題的答案將來自於我們對生活的全面審思。我們傷害過的人與我們幫助過的人。我們所消耗的資源與我們所保護的資源。我們參與過的醜陋事情與創造過的美好事物。這是一個極其私人的問題——產生的後果卻會影響我們所有人。我們共同的未來是否光明，很大程度上取決於大多數人對這個世界的付出是否多過索取。

慷慨在建立工具、理念和制度之時扮演了關鍵角色，使文明得以繁榮。但不僅如此，慷慨同時也是我們個人幸福的關鍵因素。人們常常告訴我，他們觀看TED演講主要是爲了尋找一個問題的答案：我如何才能成爲最好的自我？他們說，講者能啟發他們用更廣闊的方式思考如何對世界做出貢獻。

上述種種說明了我爲何視慷慨爲一切重要事物的核心。並且，我們活在一個人的慷慨可具有無限影響力的時代，因此有了全新的理由去大肆宣揚此一理念。

然而要做到這點並不容易。有鑑於現代文化的諸多醜陋現象，我們的共同前景似乎風雨飄搖。確實有一種可能，我們會彼此疏離，會揚棄所有曾懷抱過的偉大理念。但亦有可能，我們會重新發現這些信念，並以前所未有的方式發揚光大。

慷慨有許多不同方式，並不只是把錢捐出去而已。單是擁有慷慨的心懷就足以帶來改變。可能是時間、才能、創意、連結，或基本的人性善意等贈予。這些贈予向來就是人的爲善之道，但在今日更有潛力創造出神奇的連鎖反應。

金錢當然也不可小覷。在接下來的篇章，我們將探索如何從本能的慈善行爲更進一步進行深思熟慮的付出，並透過網路和其他方法大大提高這些行動的影響力。

如果這看來令人卻步、遙不可及，請記住你其實不必獨自埋頭苦幹。說到慷慨，許多影響力深遠的絕妙好例都是人們同心協力的成果：捐贈小團體（giving circle）、地方性的志工組織或線上集結活動等等。

不論你是何許人物，慷慨的潛能深藏在你心中，正如我們後面將看到的。事實上，在你致力成爲一個付出者的旅程中，可能會意外地找到新的人生意義、目標和充滿喜悅的希望。或許你會感受到，**這就是我注定要成為的我**。

除了個人，對組織而言亦是如此，不論是營利或非營利組織。慷慨的行爲事後往往成爲一個組織最爲明智且最令人滿意的決策，這是網路時代的一個驚喜。

我們被教育的觀念是，慷慨是一種出於純粹無私理由的行爲，但是我將說明慷慨並不僅止於此。慷慨的決定可以既是一種犧牲，又深深符合付出者的長期利益，這點在今日更甚以往。慷慨的人將體會到最深刻的喜悅，慷慨的企業與組織將主宰未來。

如果我們稍加留意慷慨的感染潛力，再用一點點勇氣、一點點創意去開發這些潛力，我們的個人生活、我們的家庭、我們的鄰里、我們的事業與非營利組織，從此將再也不同。

我們將會打開一扇大門，看見令人振奮的景象，即人類境界的嶄新可能性。

■ ■ ■

本書分成三部分：**為什麼**、**怎麼做**，以及**假如**……。

第一部探討的是**為何**「富有感染力的慷慨」的時代已經到來。我分享了在TED發生的一系列神奇事件，我因此相信網際網路已改變了慷慨的法則，變化之大遠超過我過去所理解；同時也介紹了我自這些事件學到的三大原則。接著我們會深入探討關於人類本性的新知，以及慷慨能如何爲我們帶來驚喜萬分的成果與深刻的喜悅。我分享了「神祕實驗」（Mystery Experiment）的內幕故事，此一規模龐大的社會學研究讓我們看見善行是如何衍生新的善行。

第二部探討的是**如何**將此一理論付諸實踐。我們會檢視培養慷慨思維所需的條件、有潛力造成更廣大影響的各種付出方式，以及我們可以如何將這些慷慨的故事散播出去。其中一個重要章節討論的是財物贈予，包括如何利用各種形式的槓桿作用來有效擴大我們所付出金錢的效應。

在第三部，我們提出一個問題：**如果**慷慨已在我們周遭的世界深入扎根，那**會如何**？我們將在此策劃如何奪回網際網路，以求實現數百萬人曾經的夢想，讓人間充滿人情味。我們將探究慷慨能如何幫助企業與組織脫胎換骨。我們會思考如何賦權那些偉大的變革者，讓他們得以著手進行大膽前衛的改革計畫。我們將探索一種每個人都有能力許下的承諾，這種承諾將引領我們踏上偕伴而行的慷慨之旅。最後，我們將思索如何將慷慨思維深植於未來的自我。

須注意的是，我在本書刻意避開了對公共政策的討論。無可否認，今天世界上許多最爲嚴重的問題都需要政府來扮演關鍵角色。我對投入這些議題的人深深敬佩，不論是政府人員或民間人士。關於政策的辯論在我們的公共討論空間裡占據首要地位，那確實至關重要，但並非這裡所關切的重點。本書旨在探討我們能**親自**做些什麼。

不論你是誰，不論你身在何處，我衷心希望你能和我一同踏上這段旅程。很有可能你會被感染，染上某種強而有力的東西，某種讓你未來用不同方式去花費自己的時間、金錢與創造力的東西。又或許，會再從你身上傳染給其他人。

不過這是一種健康的感染。一種美妙、洋溢希望而有益的感染。你可能但願永遠不要痊癒。

第一部▼

W H Y

為什麼

慷慨的時代已經到來

CHAPTER 1

深入了解感染力——一項決定的驚人效應

曾有個事件讓我大開眼界，體會到網際網路促進慷慨精神的潛力，且讓我與各位分享。

我是個媒體創業家。事業生涯的前半，我在英國與美國創立了一家出版公司，發行多本業餘愛好者雜誌，其中許多與科技相關。一九九八年，我受邀參加在加州的一項會議，這項會議與眾不同，並非聚焦於單一個產業，而是三個：科技、娛樂以及設計。沒錯，就是TED大會。

由於會議內容廣博，講者必須設法讓圈外人了解他們的工作，因此形成了跨界效應（crossover effect）。軟體開發人員受到實體建築學的啟發，編劇和藝術家因技術專家的演說大受震撼，每一個人都感受到自己的工作更有意義，也具有更多的發展潛力。我爲之心醉。

幾年之後，我有機會從那風采不凡的共同創辦人手中接下TED大會。我迫不及待抓住了機會——部分是因爲我認爲若能進一步拓展其領域，這個會議大有可爲。異業合作的可能性不僅存在於科技、娛樂與設計，而存在於每一個領域。人類的一切知識都會回歸到同一個難以捉摸的現實。若想要充分掌握某件事，就必須先了解它和其他領域的知識是如何相互連結。

以我個人的財力，無法獨力買下TED——二〇〇〇至二〇〇一年的網際網路泡沫破滅使我的媒體公司未來出版（Future plc.）損失慘重。因此我將TED納入一間非營利基金會之下，是我在幾年前景氣大好時設立的。然後我離開了未來出版，全心投入這個異想天開的組織，思考如何使其成長壯大。

由於已轉爲非營利性質，TED必須以公共利益爲經營宗旨。這也意謂必須設法爲這些鼓舞人心的演講找到更大的觀衆群。在二十一世紀初的那幾年，這件事的艱難遠超過你的想像。

我們嘗試說服電視台TED演講能夠帶來良好的收視率。他們嗤之以鼻。公開演說是他們所能想到最枯燥無聊的活動了。於是，我們有了一個激進的構想。

實驗

當時網際網路的頻寬不斷在增加，線上影片這項新興科技開始站穩腳跟。二〇〇六年的時候，線上影片還不過是電腦桌面一角低解析度的小視窗，但我們認爲值得一試。在一項實驗中，我們將六場演講的完整影片上傳到我們的網站。

出乎我們意料，這些影片在網路上瘋傳，很快就收穫了數以萬計的觀看次數。就今天的標準來說不算什麼，但對原本一天只有幾百名訪客的網站來說卻是了不起的成就。觀衆回饋之熱烈更讓我們大吃一驚。人們不只是喜歡這些內容而已，他們愛死了，他們深受啟發。這也令我們突然發現自己所面臨的兩難境地。做爲非營利機構，我們自覺有義務把**所有**最好的內容免費分享到網路上。

這顯然是危險的一步棋。我們的與會者付了不少錢來參加TED大會，這也是我們目前最主要的收入來源。如果演講內容在網路上免費播送，他們又有什麼理由繼續付錢參加會議？

我們無法確定，但我們還是決定衝了。

迴響

接下來發生的事，實在始料未及。

首先，我們的TED與會者社群中大部分人都迅速表態支持這項舉措。雖有零星的抱怨聲音，但如今能夠與更多的人分享一次深刻的體驗，這令絕大多數人興奮不已。

至於那些在線上第一次觀看這些演講的人，其反應更是令人驚喜。觀眾的回饋訊息如潮水般湧來，熱烈表達他們是如何深受感動、如何希望能夠支持講者，協助散播他們的理念。

我們網站的造訪人次爆炸性增長至以百萬計，TED也從一個小眾會議搖身變成全球知名品牌——這一切全靠口耳相傳。我們的會議不但沒有失去市場需求，反而更多人想參加。

與此同時，還發生了另一件事：我們收到來自全球各地的請求，他們希望能將這些演講翻譯成當地語言。一套相關系統建立起來之後，數以千計的志願者立刻展開翻譯的工作，他們以兩人一組協同合作，相互核對翻譯內容。十七年後本書寫作的當下，TED演講已由逾五萬名慷慨熱心的人士翻譯成上百種語言。

網際網路教我們的事

這一切現象發人深省。免費提供演講內容的決定主要是出於義務感——我們這個非營利組織的使命是與全世界免費分享具有價值的知識，但我們得到的回饋卻具有變革性的力量。網際網路將ＴＥＤ演講散播到世界各地，斬獲數百萬的線上觀看次數，接著又成長到數十億，帶來了金額龐大的贊助營收。在接下來的三年間，ＴＥＤ的收入成長超過十倍，讓我們有餘力去思考新的、令人興奮的可能性。

爲將這些可能性塑造成形，一套指導原則逐漸浮出水面。當時，我們稱之爲激進開放（radical openness）。不過如今我的看法更單純，沒錯，就是**有感染力的慷慨**。網際網路教我們的是，如果你送出你所能想到最寶貴的東西，得到的回報會令你驚訝不已。

於是，我們自問：除了內容之外，我們還能給出什麼？

我們的第一步是創立一項夥伴計畫（TED Fellows），爲ＴＥＤ帶來一批來自世界各地的卓越思想家與實踐家，讓這些無力負擔費用的人有機會加入ＴＥＤ。這個計畫迅速展現了其可貴的價值，早期被選上的一位夥伴，教育家朗根．斯莫利（Logan Smalley）向我們提出一個點子，他想推出一系列動畫短片，與各年齡層的人分享知識，激發他們求知的好奇心。他的TED-Ed計畫（TED Education）本身就是由慷慨的精神所推動。教師與動畫師都是免費志工，或收取較低費用，剩餘成本則由具有卓見的捐贈人來負擔。自二〇一一年以來，朗根的團隊共製作了超過一千五百支動畫短片，其中許多曾獲獎項肯定，這些影片目前在數萬所學校、數百萬個家庭中使用，每年點燃的好奇心火花超過十億。

TED×大驚奇

不過，我們最大的冒險是送出我們的**品牌**，也就是TED這個名字。有許多人曾來訊詢問在他們的城市舉行TED大會的可能性。我們無法想像該如何進行，於是決定讓他們自行舉辦。我們向全球各地的會議籌辦人免費發放許可證。他們可以將活動冠上TED的名號，從而更容易招募講者和吸引觀眾。我們只做了一個小調整，在品牌名後標記一個×。TED×的原意是**在x地點自發組織的TED活動**，不過這個×後來引申出更深的涵義，代表TED的相乘效果，甚至TED的指數成長。

轉眼之間，TED大會不再只是一年一度的單項活動，而是數以百計，甚至數以千計的場次。這些活動由當地的志願團隊投入大量的時間與才華籌辦而成。他們將TED帶進電影院、大學、體育場館、歌劇院、國會——還有一些我們想像不到的地方：雨林、監獄以及難民營。我們免費送出這個品牌，但對我們來說，回報之慷慨遠爲驚人。

對當時許多企業顧問來說，這一切太瘋狂了。《哈佛商業評論》（*Harvard Business Review*）甚至刊出一篇文章談論此事，標題頗挑釁：〈當TED對群衆失去控制〉。但所謂的「失去」實是有意爲之。沒錯，這些活動有時會搞砸，有時準備不周的講者會造成尷尬場面。然而這樣的情況少得出奇。此外，整個系統也隨時間持續改善。當地籌辦人獲得了寶貴經驗，將他們所學到的與我們分享，也彼此交流。

TED×將許多卓越非凡的聲音帶給了世界，這些聲音可能是我們自己永遠也發掘不到的。一些最受觀迎的TED講者，包括布芮尼·布朗（Brené Brown）與賽門·西奈克（Simon Sinek）都是在TED×的活動中被發掘。

約十五年後，在我寫這本書的當下，免費送出品牌看來是我們所做過最明智的決定。迄今舉辦過的TED×活動逾兩萬五千場，創造了一個收錄逾二十萬場演講的線上檔案庫。這些演講每年吸引超過十億的線上觀看次數。有個僅由十二人組成的中央小組負責監管整體運作，提供指導、訓練及鞏固我們的宗旨。

如果是使用傳統的「指揮與控制」架構，根本就不可能以僅僅十二人打造出如此規模的活動組織。這樣的運作之所以能夠成功，完全得歸功於慷慨的感染力。我們無償提供品牌與建議，而我們所得到的回報是讓知識散播全球的奇蹟。

無盡擴散的漣漪

直至今日，無償提供內容與品牌的決定仍讓我們不斷發現新的漣漪效應。在最早發布的六場演講中，有一場是教育家肯・羅賓遜爵士（Sir Ken Robinson）所主講，他主張學校應該採取更多措施去培養孩童的創造力與好奇心。內容不僅妙趣橫生，更深具啟發性。他當時是在一家戲院內對五百名觀眾發表演說。而在我寫下這些文字之時，也就是在演講影片發布的十七年後，每天依然有超過五千人在線上觀看這場演講。其中一些人的故事令我驚嘆不已。例如表演團體藍人樂團（Blue Man Group）的成員決定根據肯爵士的理念在紐約市投資設立一所新的學校。此外，還有無數人受到演講的啟發而成爲老師，也有一些老師因此改變他們的教學方式。

二〇二二年，我結識了一位女士，她可能開啟了TED史上最大的漣漪效應。她的名字是蘇普麗亞・保羅（Supriya Paul）。十年前她還是印度的一名大學生，在她的朋友肖比特・邦加（Shobhit Banga）給她看肯爵士的演講之時，她正準備成爲一位會計師。蘇普麗亞告訴我：「我們的腦海就是在那一刻種下了那顆想法的種子，想要爲印度教育所面對的挑戰做一些事情——不只是解決一個人或是若干人的問題，而是處理整個世代的問題。」這對好友深受這部短片啟發，下定決心利用相同方法來實現他們的夢想。蘇普麗亞的父親勉強同意在成爲會計師之前給她一年時間嘗試。

機會來得及時，蘇普麗亞和肖比特獲得了所需資金，設立了他們的新組織「喬許談話」（Josh Talk）。在印地語中，Josh的意思是「活力」或「心靈的力量」，這也正是喬許談話所要傳遞的訊息。他們聚焦於那些缺乏良好教育資源的低所得觀眾。喬許談話分享著令觀眾有所共鳴的人物故事，在整個印度次大陸啟發人們的志向、激發人們的潛能。到了二〇二三年，全印度每個月共有五千萬人用十種地區語言觀看喬許談話。而且，照蘇普麗亞的話來說：「我們才剛開始而已。」

喬許談話本身也創造了屬於它的漣漪效應。蘇普麗亞告訴我一位觀眾——二十歲的馬尼什（Manish）的故事。在新冠肺炎疫情爆發前夕，馬尼什所居住的比哈爾邦（Bihar）村落遭洪水肆虐，他失去了家。接著新冠肺炎來襲，他的財務狀況更是窘迫，急於找到辦法來維持家庭生計。在這期間，馬尼什偶然看到了喬許談話的一段由維維克・庫瑪（Vivek Kumar）主講的短片。和他一樣出身於小村莊的維維克利用他的學識與技能來教導孩童。這場演講點燃了他的信念：「如果他能做到，我也可以！」馬尼什開始在他的家鄉地區幫孩子們上課。如今，只不過幾年光景，他已擁有自己的教學機構，幫助數十位孩童通過十年級考試，而這又爲下一波的漣漪效應鋪好了路。

有個名叫阿曼的十二年級生告訴蘇普麗亞：「馬尼什是位很棒的老師。他的熱情與奉獻精神每天都激勵我要成爲最好的自己。」

肯爵士在他的演講總結中分享了一個夢想，期待人類的想像力可以帶我們走向充滿希望的未來。「我們要做到這點的唯一途徑就是去看見人類身上豐富的創造力，看見孩子們身上的希望。而我們的任務是教育孩子的全副人格，讓他們順利面對這樣的明天。這個未來我們或許看不到，但是他們可以。我們的工作就是幫助他們迎向這個未來。」

事實上，肯爵士在二〇二一年去世，他從未聽說過蘇普麗亞、馬尼什或阿曼，但他的言詞所掀起的漣漪效應將無窮無盡傳下去。

你現在可能正在想：**TED不就是一個特例嗎？這樣的結果想當然只會發生在TED和TED講者的身上。**我們的確握有不少優勢。我們有能力招募一個才華橫溢且願意去冒險的團隊。還有像肯爵士這樣出類拔萃的講者願意無償提供他們的時間與智慧結晶。我們在線上影片初露鋒芒之時開始免費提供演講內容，可說時機也站在我們這邊。

不過TED絕非我所見過「慷慨的加乘效應」大顯身手的唯一場所。我確信自這些經驗所學到的知識應用廣泛，不論是組織或個人都適用。正如我們下一章將看到的，連結時代改變了慷慨的法則，對所有人都如此。

CHAPTER 2

無限村——全球連結需要我們重新思考慷慨的意義

系統規模的擴大往往也會伴隨著行爲表現上的躍進式改變。小鎮上的前一百名、兩百名或一千名駕駛人在開放道路上會感到暢通無阻，然而如果使用者數量一舉躍升到十萬人，他們的行車體驗就有了新的名字：大塞車。

額外增加的規模可能摧毀品質，卻也可能強化品質。一家只有三名顧客的小餐館準死無疑，就連這三位也不會再次光顧。不過若有三十名顧客，餐館就可以活下去了。這三十名顧客等於在無意間相互示意這是個值得光顧的地方。優步（Uber）若沒有夠多的駕駛，根本毫無用處。但如果每座城市都有數百名駕駛，就是一大成功了。

同樣地，隨著人類連結的規模擴大，我相信我們已經迎來了對慷慨的看待方式發生躍進式變化的時刻。我們不再只是生活在那些塑造出我們基本道德本能的小群體之中。在今天，我們可連結的對象幾乎是任何人。我們的村落已擴展到全世界，而這改變了一切。

我們所在的連結時代具有三項特質，往往被我們視爲理所當然，但是當你結合這三者，用新的眼光加以審視，會發現這些特質共同創造出某種嶄新的、說服力十足的邏輯，能說明我們該堅守的是什麼，該放手的又是什麼。

一、我們日益重視非物質事物

在人類大部分的歷史中，所謂的禮物通常是指將原子和分子由一人手中傳遞到另一人手中，食物、鮮花、工具、衣服，各種可收取的物件。

但這在過去幾十年間已出現重大轉變。今天世界上有愈來愈多的價值並非來自有形的物體，而是來自於無形之物。不是原子，而是位元；不是實體，而是人類心靈的獨特造物。實體依然是一切的基石，但益趨重要的是塑造、排列與組織這些實體的方式。鋼鐵可以變成複雜的機器，顏料可以變成藝術，電能可以變成電腦程式。模式的形成才是價值所在。而模式本身是非物質的，是一種資訊、一種知識。

在線上免費收看TED演講讓人們興高采烈，在當時令我們大感驚奇。但我們其實不該如此訝異。資訊為群眾帶來力量。知識提供改進生活的工具。一個鼓舞人心的人物，在數位格式中依然能鼓舞人心。美感創造力充盈我們的心靈，令我們感到喜悅。軟體與AI幾乎擁有無窮無盡的力量去重塑我們未來的世界。

想想你每天有多少時間花在非物質的事上。閱覽訊息、觀看新聞、收聽Podcast、與同事或心愛的人視訊通話、隨手拍下照片、用搜尋引擎探索新知、把玩應用程式、享受串流娛樂、使用AI相關的功能。

如果說花費時間的方式是決定我們所重視事物的衡量指標，那麼我們重視的就是非物質，並且日益如此。

當然，實體物件仍是我們生活的基本構成要件。你不能以位元爲食、以軟體爲飲水、以影像爲衣著。說來羞愧，我們住在一個至少有十億同胞仍缺乏食物與住所的星球上。不過即使是在對抗貧窮的戰鬥中，過去幾十年間的許多重大改革，都得歸功於連結性的增長和知識獲取管道的增加。隨著人們逐漸獲得滿足物質需求的方法，他們的時間和注意力也有愈來愈高的比例轉向非物質領域。

二、非物質事物可以無限量給予

在線上影片問世之前，如果你想與一大群人分享一場鼓舞人心的演講，你手上的最佳方法就是燒錄大量的光碟並郵寄出去。這個方法的成本是每名收件人至少兩美元。今天，將同樣的演講轉發給其他人的成本也許只有前者的**萬分之一**。那只不過是頻寬中的一個小片段。它基本上是免費的，而且可在瞬間傳送出去。

這些性質可套用到所有的數位產品：書籍、電影、音樂、軟體、食譜、設計、教育課程、藍圖、深刻的創見、暖心的故事——各式各樣的智慧財產或知識。所有這些都可以用事實上是零成本的方式提供給全世界。

如果你能將一項禮物轉爲數位格式，網際網路就能不費吹灰之力地將它送到無數的人手中。

這已經是幾十年前的新聞了，但依然令我嘖嘖稱奇。曾有那麼一個年代，某人可能花了數月的時間創造出某樣獨特的事物，卻只能與寥寥數人分享。現在我們可以將這個作品傳遞到全世界。這意謂我們集體擁有的慷慨潛力增加了不只是百分之十或百分之五十，而是躍升到不同的量級。這不僅僅是進步，而是全面性的變革。

同時，AI的爆炸性力量可能使這種傳播力如虎添翼。比起將同樣的內容分享給一百萬人，在AI的幫助下，很快就有可能爲每名接收者提供個人化的專屬內容。

這些科技有助於創造公平的競爭環境。傳統上，最有影響力的慷慨行動來自那些坐擁重要資源的人。如果你想讓你的慷慨行動不只觸及一人，而是觸及一千人，你就必須付出一千倍的資源，而這很少人有能力做到。反觀網路世界，造成病毒式傳播而遍及數百萬人的原因更加神祕莫測。想像力和創意有時與資源同樣重要。

欸，等一下，你可能正這麼想，**如果給出這樣東西這麼容易，還稱得上慷慨嗎？**今天的名流給粉絲看一百萬張不拘小節的照片也沒什麼好誇耀的。這在三十年前會是驚人之舉，但在今天只不過是Instagram上的常態。事實上，有一整群網紅和名人在持續產出免費的內容，這些內容背後全都有某種型式的贊助。

與其說我們是慷慨行爲的受益者，不如說我們只是被內容淹沒罷了？難道不是我們以自身注意力與數據換取內容，這些內容又巧妙地推動所有的廣告？

沒錯，今天的免費線上內容和服務實在取之不盡，使人很容易對網際網路的慷慨善舉感到一點也不稀罕；如果你一整天都待在樹林裡，你會忘記有幾棵樹木是真的很美。但這實在可惜。

我想我們應該可以分辨，網路上的分享內容有哪些純粹是以交易或商業推廣爲出發點，哪些又是費盡心血的結晶，以名副其實的慷慨精神奉獻出來。後者的例子數也數不清：

- 野生生物錄音師馬丁・史都華（Martyn Stewart）錄製了共十萬件音檔，長達三萬小時、遍及四十個國家。其中包括北方針葉林的貓頭鷹啼叫、澳洲內陸沙漠的雷鳴、哥斯大黎加雨林的聲景，以及巴拿馬金蛙的呱呱叫聲。他在診斷出罹患癌症之後做了一項決定，將這些材料全都放在Soundcloud上，供人免費取用。「如果我們能把這些美麗的聲音散播出去，讓世人聽到，或許我們就能夠開始保護剩下的東西。」這些錄音材料迄今已使用在一百五十部以上的電影與無數的自然紀錄片之中。拜他的慷慨所賜，這些材料將永久爲我們所用。
- 橋接組織「客廳對談」（Living Room Conversations）免費提供了超過一百項對談指南及其他資源，幫助人們討論重大議題（例如墮胎）並達成相互理解。他們亦提供免費的線上培訓。
- 具代表性的法國攝影師楊・亞祖—貝童（Yann Arthus-Bertrand）乘坐熱氣球拍下了舉世無雙的地表照片，勾起人們無限的想像力。他也製作了多部啟迪人心的電影，如《盧貝松之搶救地球》（*Home*）、《人類》（*Human*）與《女也》

（*Woman*），每部成本皆高達數百萬美元。他授權這些電影的價碼是？零美元。這是他送給全人類的禮物，可以在YouTube與其他平台免費觀賞。這些電影深深觸動了人們的心。用户@joejoezidane是在YouTube觀看英文版《人類》的七百萬人之一，並在留言中寫道：「這是我這輩子到目前爲止看過最有力量、最令人震撼的紀錄片。」

- 美國的嘻哈雙人組「Run the Jewels」將他們的專輯《RTJ4》「免費送給任何想聽音樂的人。」根據饒舌歌手成員El-P的說法，這項決定「除了努力展現仁慈、保持覺知和持續成長，這才是我眞正知道能對人類的奮鬥與歷練有所貢獻的唯一方法。」

我想表達的並不是在線上免費提供的所有東西都是慷慨的體現。而是在眞正的慷慨心意所在之處，網際網路可以將其放大一千倍。

但是那些數量不斷增加的，仰賴網際網路謀生的藝術家、音樂人、影片製作者、網路名人、社群媒體明星又怎麼說？我可以想見他們看到這段文字，心裡想著：**不公平！你難道指望我無償送出我的精心作品嗎？這樣我怎麼過活？**

這樣的擔憂是合理的，我當然不是說所有能送出的東西就應該免費送出。在今天，所有型式的數位內容都可輕易散發出去，這對許多專業創作人士而言充其量只能算是利弊互見。以攝影師爲例，過去世界上觀看次數最多的照片，多是由專業攝影師拍攝，並透過報紙、雜誌與電視散播。不過隨著智慧型手機問世，拍攝與分享的照片數量也躍升了好幾個量級。社群媒體的照片瀏覽量總體而言遠遠高於傳統媒體。許多雜誌與報紙被迫停業。攝影師迫切需要尋找賺取收入的新方法。將廣泛分享照片這件事視爲慷慨，他們大概一想到就火大，無論是任何種類或形式的慷慨都一樣。

與上述情況類似，音樂人在線上賺取收入的空間也極其受限。唱片公司與Spotify等公司商談的協議，可能是某位音樂人的作品要被播放二千五百次，他才能賺一美元。網際網路讓更多的音樂被更多的人聽見，規模遠超過歷史上任何一個時刻，但要靠音樂謀生也比以往都更加困難。

許多作家、藝術家與影片製作者可能亦有同感。而生成式AI的能力日新月異，更使情況雪上加霜。

但是，如果網際網路的商業模式對創作者不太友善，或許慷慨本身能夠幫助解決這個問題。我們能不能扶植一種新興的禮物經濟（gift economy，一種古老的經濟模式，在交換過程中給予者不要求與期待任何價值的回報，如贈送禮物一般）來支持創作？像Patreon這樣的平台就專門用來讓人們對他們喜愛的藝術家與創作者提供財務上的支持。此外也有愈來愈多傳播內容的平台開始提供功能，讓用戶打賞他們鍾愛的創作者。

這樣的思維還有很大的發展空間。二〇二〇年三月二十三日，英國因新冠肺炎採取封鎖政策。有相當比例的人口突然失去工作與收入，個人經營的藝術家更是受到嚴重打擊。其中有許多人在疫情爆發前就僅靠微薄的收入過活。隨著畫廊關閉，花費數年時間籌備的展覽臨時取消，許多人因此陷入貧困。

藝術家暨社會創業家馬修・伯羅斯（Matthew Burrows）覺得他需要做點什麼來幫

助自己與朋友們脫困，而且動作要快。他思索著：「我必須打造出某樣東西，能像病毒一樣快速散播，不過所散播的是能夠助人的事物。」他曾學習過人類學，深受前現代（pre-modern）世界的慷慨文化所啟發。他想，也許他可以利用古早的禮物文化與互助精神幫助某些藝術家生存下來。

於是他在Instagram上創建了#ArtistSupportPledge（直譯為「藝術家支持承諾」，簡稱ASP）這個社群媒體運動，有以下幾項基本規則：

- 將你的作品發布在Instagram，並加上主題標籤#ArtistSupportPledge。
- 任何一項作品的價格都不得超過兩百英鎊（約台幣八千一百元，或等值的其他貨幣）。
- 當你售出作品的收入價值達到一千英鎊，你必須兌現承諾，花兩百英鎊買下另一位藝術家的作品。
- 如果心存疑慮，就秉持慷慨的精神行事，這才是最重要的。

這些規則成效卓著，爲他的藝術家同行提供了一個新平台，幫助他們與支持者取得連結，從而維持生計。突然之間，銷售作品和相互支持對他們來說變得容易許多。

馬修原本對ASP的期望只是幫助他在倫敦地區的一小群朋友。但是當一個賦予人們力量的網路達到某決定性的規模，它就會擁有自己的生命，開始蓬勃發展。ASP在Instagram掀起一股熱潮，來自全球的專業與業餘藝術家紛紛相互購買彼此的作品，受此計畫鼓舞的人也給予進一步的支持。新冠疫情來到尾聲之時，ASP所提倡的慷慨文化總共已爲藝術家們籌措到驚人的七千萬英鎊。

我優秀的研究助理凱特．漢妮（Kate Honey）協助查訪了本書所提到的許多故事，她曾親自訪問馬修。「ASP的能量來自慷慨精神，」他告訴她。「從一位藝術家以限價或折扣價來出售作品的行爲——這包括所有的藝術家，不論地位、經歷和聲望——到拿出百分之二十的銷售額分享給其他藝術家的承諾。買家展現對藝術家的信任，直接購買作品而無需經過中間人，這之中可看見慷慨的體現。」

在馬修眼中，最啟發人心的一點就是這種既古老又現代的「慷慨文化」是那麼自然地在這些藝術家身上展現出來。ASP能夠自我調整並以有機的形態散播，馬修需要做的其實不多。「你如果開始談論仁慈，別人往往認爲你瘋了，你腦袋不清楚了。當ASP演變成全球性的活動，我最興奮的就是在我事業生涯中終於第一次可以談論仁慈，而不會被斥爲荒謬、愚蠢或是軟弱。面對這個世界，仁慈是一種堅韌而有效的回應。

這個理念能走多遠？我們是否能想像一種轉變，從一個由少數看門人把持與付費、創意內容相對稀缺的世界，轉變爲一個接收者慷慨回報、創造力豐沛的世界？以Patreon爲例，迄二〇二三年初，它已爲二十五萬位不同的創作者帶來了總計三十五億美元的收入——平均每人約一萬四千美元。這個數據是多年累積的成果，而且——除了少數特例——距離提供全面且合理的收入給藝術家們還有一段長路，不過它確實讓我們看見某種程度的未來前景。

有一點很清楚，我們現在正處於過渡時期，無論是專業創作者或其他相關人士，我的建議是：不要抗拒轉變，要去掌握這種轉變。也就是說，請嘗試在散播作品的策略中納入慷慨的理念。舉例來說，免費送出你所創作的最棒作品，同時給予大眾慷慨回報的機會。（實際做法可以很簡單，像是在Patreon建立帳戶，並且言明你是依靠大眾的支持來維持生計。）

至於我們其他人，我們這些有幸領受這空前美妙奇蹟的人們，我的建議是透過慷慨的濾鏡來思考這一切。我們是多麼幸運啊，有那麼多人願意分享他們最好的作品，且我們還能零時差地接收。這是歷史上未曾發生過的事。我們應用相同的精神予以回饋。花些心力去找出那些令你最感動、最有啟發、學到最多的人，並且盡你所能，用對他們最有意義的方式去慷慨回報。

也許，我們正在攜手創造一個豐富且多樣化的禮物經濟，隨著時間推移，它可能會與今天的交易經濟比肩，甚至將之超越。也許有一天，我們會回顧起交易經濟對創造力的諸多束縛，慶幸這種行事方法已成爲過往雲煙。

與此同時，任何付費訂閱制度、贊助廣告收入和付費牆（pay wall，網路媒體將其內容訂定付費門檻，需訂閱或購買才能閱覽完整內容的機制）的設置都不是什麼壞事，因爲他們目前不得不如此。這樣的混合模式可能會長期維持。你可以此做爲謀生的基礎，但不妨也偶爾做些關於慷慨的實驗，試著用驚喜的形式送出一些什麼。你得到的回報可能會令你驚喜不已。

三、大家都在看

聲譽向來是人類的一種重要貨幣。我們有多快樂、在各方面有多成功，很大程度上取決於他人如何看待我們。

在人類歷史的大部分時間中，一個人的聲譽是來自他生活周遭的小圈子。然而今天一件作品或內容能在幾個小時之內就傳遞到數千甚至數百萬人們的腦海之中，爲創作者帶來某種聲譽。這樣的發展令人難以置信。一方面使得所謂的善行有潛力創造出無限善果，另一方面，不那麼良善的行爲亦可能帶來無窮惡果。

聲譽一直都是人類行爲的地下執法者。我們的祖先生活在小型社群中，如此環境下，沒有人承擔得起貪婪或不值得信任的名聲。背負如此名聲的人很快就會被孤立，陷入短暫而悲慘的人生。

不過隨著社會的發展，人們開始生活在規模更大、匿名性更高的城鎮與都市，隱藏特定行爲變得更加容易，且對某些人來說，也不再那麼仰仗他人的認可。騙子、金光黨和江湖郎中在小鎮之間橫行無忌。自私自利與犯罪行爲有時受到姑息，無需付出社會層面的終極代價。

然而，當我們相互連結的途徑以莫之能禦的趨勢增加，規則再度改變了。數以百計的網際網路服務以不同方式記錄與監控我們的聲譽。就連遠在地球另一端的人都可以告訴別人我們寫下了什麼、創造了什麼。更高的透明度提高了從事惡行的風險，也提高了善行的獎勵。現在不只是你的村落知道你做了什麼，全世界都知道。

在網路上無償分享演講之後，ＴＥＤ迅速崛起，就是拜網際網路所帶來的全球聲譽所賜。回想二〇〇六年，根本沒有多少人聽說過ＴＥＤ，但是不過幾年的光景就吸引了數百萬人，而這些人又將話題進一步傳播出去。

一份送出去的禮物總是有很高機率獲得一種回報，即更響亮的名聲。尤其我們如今身處在一個聲望可以無限遠播的時代。

但這是百分之百的好事嗎？對我們許多人來說，想到地球另一端的人、某間力量強大的企業或某個政府機構可以看見我們的所作所爲，簡直就是惡夢裡的情節。當然，你可能會想，這就是網際網路的問題所在。我們並不需要更多的名聲傳播，我們需要的是更多的**隱私**。

一個人的言行舉止可以爲全世界所知，這件事毫無疑問是一把雙面刃。有時只要一次善舉就能改變一個人的形象。二〇一九年，億萬富豪羅伯特．史密斯（Robert Smith）受邀在莫爾豪斯學院（Morehouse College）的畢業典禮上致辭，並在演講中宣布他將爲所有畢業生償還學生貸款，這個故事在社交媒體上造成轟動，也在世界各地斬獲不少頭條新聞。他的慷慨受到數百篇媒體貼文齊聲讚揚，而他也在該年獲彭博社（Bloomberg）列入五十大年度影響力人物的名單之中。如果羅伯特當初想用錢來買下這種程度的公關宣傳，所花費的金錢一定會比承諾代還學貸的金額多上許多。

不過，反之亦然。二〇一四年的時候，公關專家潔絲汀．薩克（Justine Sacco）在從美國起飛前往南非之前發了一條失言的推文。該則推文被轉發到一個八卦網站，用最不堪的方式迅速爆紅。在她飛行途中，成千上萬的指責回應從全球各地湧入。等到她降落時，她已被公司開除。觀看強．朗森（Jon Ronson）談及此事的那場TED演講，你一定會感受到其中壓力而心跳加速。這個事件讓她花了多年的時間才恢復正常的生活。

還有其他人的遭遇更慘。網路羞辱之嚴重可能逼人自殺。此外，政府與企業也可能利用對我們行爲的掌握來操縱我們。

這一切都令人不安，但我仍然要主張，聲望在網際網路上益趨重要這件事是種正面的力量。

幾年前，我聽到一則很有意思的離奇故事：一個夜晚，歹徒闖入一棟美麗的老房子，屋裡收藏著各種珍奇而價值不菲的物件。竊賊驚嘆不已，用他手電筒的燈光小心翼翼掃過牆上的巨幅油畫與覆蓋著昂貴絲綢的古董傢俱。他還沒來得及動手，頭頂上傳來了響亮的嗓音。

「耶穌正在看著你。」

竊賊強自鎮定，將手電筒向上照過去……接著不禁失笑。「哈！不過是隻鸚鵡。祝福你，耶穌。」

「其實我的名字是波利。耶穌是你身後那隻洛威拿犬。」

之所以講述這則故事，是因爲我在人生的前二十五年都相信耶穌眞的在看著我們。儘管我不再認爲這是眞的，但當時的那股信念確實讓我成爲一個更好的人。比如說，讓我在說謊或作弊之前有所遲疑。有些時候也會敦促我展現出更多善意。

人類心智是一個奇妙的東西。我們其實相當脆弱。我們會發現在複雜的社交世界中生存沒那麼容易。我們也會發現要全面考慮到他人的需求是種挑戰。可以說，我們需要身邊一切力量的幫助。

這也就是爲什麼宗教——還有父母——要發揮創意生出各種鼓勵我們向善的故事。以聖誕老人爲例，我從某一權威來源得知，他不僅是擬出一張名單，還會進行二次確認。因此他絕對知道你是調皮還是乖巧。聖誕老人正在看著你。

而且看著你的不只聖誕老人。我們許多人從小在一個信念的相伴下長大，全知的上帝會時時監看你的一言一行。這是否影響了你的行爲？肯定有的。

哲學家艾倫·狄波頓（Allen de Botton）是一名無神論者，他在某場TED演講中表示，即使我們不再相信宗教的基本教義故事，將宗教相關事物整套丟棄的行爲仍是不可不慎。比如說，幾乎每種宗教都建議信徒每週至少聚會一次，以提醒他們在信仰與道德上的責任，這不是很奇妙嗎？也許世人需要這種定期的提醒來增加他們遵行正道的機會。

我們總是滿懷敬畏地談論「最偉大的一代」在十年大蕭條時期與二次大戰期間所做的犧牲奉獻。但是或許我們忘了，他們在人生中的大部分時光都會每週到教堂、猶太教堂、清眞寺集合，再次承諾投身於超出自身的偉大事業。而如今我們已大舉拋棄了這些東西——至少大部分的西方國家如此——在這樣的情況下，公民義務的式微又何足爲奇？

也許，當人在做決策時懷有一點點做壞事會被發現的顧慮，才能展現出最佳行爲。我舉雙手贊同用激勵性與啟發性的工具當作甜美誘人的獎勵，來引導人們步上正軌。但如果只採用正面獎勵，我不確定我們所有人都有那個決心去成爲最好的自己，尤其是在艱難的時刻，那種壓力爆表、分身乏術的時刻。

總而言之，網際網路所成就的聲譽將在我們的未來中扮演具有相當重要性的角色。耶穌也許正在看著我們，也許不在，但是網際網路一定在。

我百分之百地支持去限制政府與企業陷入過度監視的可能性。同時，我也對取消文化（指網路上發起的抵制行爲）的泛濫感到擔憂。如果整個世界就是一個村落，請不要讓村民成爲高舉乾草叉的暴民。我想主張的是一種有些微妙的立場：將散播名聲的透明度視爲一種整體而言的正面力量，同時盡力避免將其濫用。

在未來幾年，我猜測我們的生活會有愈來愈多的面向受到追蹤與監視。我們可以選擇反抗，或者我們可以選擇擁抱它有益的一面，並根據聲望將愈形重要的這個前提去規劃一個未來。

也許這其實會是段愉快的旅程。當你聽到某人在網路上讚揚你所爲之事並表達感謝，這毫無疑問是樂事一椿。但是在硬幣的另一面——對於遭人反對的恐懼——也同樣可能對我們有益。有時停下腳步去思考我們打算採取的行爲是否會得到外界好評，這並非無法接受的事。

所以，我的重點是：我們已進入一個新時代，屬於這個時代的口號就是：**像是大家都在看著你那樣行事**。因爲大家很可能確實在看著你。這可能讓你感到不舒服，我也全然理解不可能所有人都已準備好迎接連結世代的這一層面。但是不舒服往往是進步的指標。這可以給予你更多動力去成爲最好的自己。或許，如果你正好做了某件了不起的事情，消息可能會很快傳遍四方，爲你打開某扇意想不到的大門。

慷慨的新邏輯

我們來總結三件事情。

- 非物質事物在我們生活中扮演的角色日益重要。
- 非物質事物可以輕而易舉地無限散播。
- 大家都在看，意謂這個年代最重大的貨幣：聲譽，具有無可限量的影響力。

結合三者，可清楚看出爲什麼個人與組織理應更加側重慷慨在他們未來中所扮演的角色。對連結時代的子民來說，這些原則共同爲我們創造了機遇和責任，讓我們用全新的方式去看待慷慨。我們不必把慷慨視爲一種單純的高尚行爲，我們可以開始把慷慨當作一種不可或缺的**生存策略**。

然而，將**慷慨**和**策略**放在一起不免令人反感。理論上慷慨應是發自內心，而不是經過算計。我們該如何調和這種矛盾呢？

CHAPTER 3

不完美的慷慨——我們應該歡迎各種動機的慷慨解囊

今天，某人的慷慨行爲幾乎不可能避免旁人的閒言閒語。愛唱反調的人到處都是。

說到那項獲得資助的美妙新計畫？**那些錢不是乾淨的錢**。

說到那部百萬觀看數的討論某項嚴重問題的影片？**嗯，那個影片也沒解決到系統性的問題不是嗎？**

說到有人把一年的時間奉獻給志工服務？**為什麼只做一年？還好意思説。**

難道這只是人們爲了正當化自己的無所作爲而在找藉口嗎？我不這麼認爲。要搞清楚什麼才是所謂的慷慨之舉著實是件難事。我曾在社群媒體上就同一個故事的不同版本請粉絲進行意見投票，看看這些調查結果就知道了。

法蘭西斯捐了五千美元給一家慈善機構，幫助一位孩童進行恢復視力的重大手術。

■ 慷慨：97％
■ 非慷慨：3％

背景補充：法蘭西斯是億萬富豪。

■ 慷慨：69％
■ 非慷慨：31％

法蘭西斯的財富是靠著他的公司員工在惡劣的環境下工作賺來的。

■ 慷慨：51％
■ 非慷慨：49％

重新設定：法蘭西斯捐贈五千美元給一家慈善機構，幫助一位孩童進行恢復視力的重大手術，他從未把此事告訴任何人。

- 慷慨：99%
- 非慷慨：1%

法蘭西斯將整個過程拍攝成影片並上傳到YouTube，該影片有意設計成會勾起強烈的情緒共鳴，獲得五百萬人次的觀看。

- 慷慨：56%
- 非慷慨：44%

現在，將這個額外細節納入考慮：YouTube頁面上至少有一百條評論表示他們獲得啟發，從今開始也會支持視力恢復的慈善工作。

- 慷慨：81%
- 非慷慨：19%

重新設定：法蘭西斯捐贈五千美元給一家慈善機構，幫助一位孩童進行恢復視力的手術，不幸的是孩童眼部受到感染，一週後去世。

- 慷慨：97％
- 非慷慨：3％

法蘭西斯事前就知道該慈善機構因為聘用不適任的醫療人員而備受批評。

- 慷慨：39％
- 非慷慨：61％

重新設定：法蘭西斯捐贈五千美元給一家慈善機構，幫助一位孩童進行恢復視力的重大手術。該孩童是因為騎腳踏車時突然轉向，遭法蘭西斯的汽車撞倒而失明。

- 慷慨：49％
- 非慷慨：51％

法蘭西斯的汽車當時以六十英里的時速行駛在速限三十英里的住宅區。

- 慷慨：22%
- 非慷慨：78%

值得注意的是，有些人願意將每一個版本都歸爲慷慨的表現。某位查理．史考特（Charles Scott）在留言中表示：「如果你自願將一筆錢捐給需要的人，不求任何回報，這就是一個慷慨的舉動。你是否富有、你如何賺錢可能反映了你的道德觀，但是我不認爲這會減損慷慨解囊的行爲本身。」有時候，看似負面的背景因素可能在進一步了解之後有所改變，就像我們發現那部YouTube影片能夠說服觀衆更加慷慨行事時一樣。

總括而言，對我的社群粉絲來說，影響最大的似乎就是某人慷慨解囊的行爲是否透露出動機不純正的跡象。事實上，比起餽贈所造成的實際結果，他們更在意餽贈的動機。就算手術失敗，如果當時沒有理由認為是捐獻者的錯，則捐獻的行為依然會被視為慷慨，正如手術成功時一樣。由此可見，說到慷慨這件事，人們往往不會將長期結果納入考量，他們只單純評估施贈者的立意。這項餽贈對他們來說是困難還是小事一樁？他們的行事動機是一片真誠，還是別有居心？

請花點時間想一想這件事。在乎立意勝過結果真的是正確的嗎？如果我們只是把慷慨視為某種品格上的道德測試，我想還說得過去。但如果你和我一樣，相信我們的整個未來都取決於依賴我們如何有效發揮慷慨的作用，或許就需要重新設定這種假設。

康德不可能是對的

慷慨的意義在於純潔無瑕的**意圖**，這種觀點長久以來都是各種宗教與哲學思維的一環。德國哲學家伊曼努爾．康德（Immanuel Kant）教導我們，**唯有**完全出於責任義務感的行為才具有道德價值，如果你能從中獲得任何其他的利益，那就是一種自私的行為。

但是根據我們今天對人類心理學的了解，這樣的立場其實很難說得通。所有的人類決策都是出於**某種**利益的考量，即使純粹是為滿足良心的呼喚。畢竟順應這份呼喚也能滿足某種需求。就某種意義而言，它讓你感覺良好，否則你就不會去做了。情境喜劇《六人行》（*Friends*）中的喬伊就說過：「才沒有不自私的善行這種東西。」

做為一個心理學的學習者，我花了不少時間苦思這個問題。簡而言之：如果做好事的感覺很好，我**究竟**要怎樣才能成為好人？因為這意謂著在某種意義上，做好事是自私的表現，這是一種矛盾。但是如果做好事不會帶來某種滿足感，我又怎麼會有做好事的動機？有任何人會去做嗎？

因此，我要對康德說聲抱歉，我認為是時候拋棄這令人困惑的限制條件了。捐獻行為背後的多樣理由或滿足感都不是錯事。這樣的觀點能讓我們把重點放在於捐獻行為的**效用**，而不是行為背後微妙難辨的動機。如果這項餽贈可以挽救某些生命、改善某些生活，我並不介意捐贈者從中獲得快樂，或暗自希望此一善舉有助他的名聲。事實上，我認爲這些動機値得讚揚，因爲這能創造機會說服更多人發揮慷慨精神。

簡單來說，我認爲我們應該歡迎一個將慷慨視作「受多樣因素驅使的、有意識的策略」的世界。**是的**，我想幫助解決某人的需求。**是的**，我想做正確的事，同時爲此自豪。**是的**，我希望我的捐贈能夠引起他人響應。**是的**，我很高興我的一切善行有助我的名聲。一旦我們共同接受這些想法，就能拋開關於慷慨的話題中總揮之不去的吹毛求疵和虛情假意。

要注意的是，仍然存在一條界線，跨過這條線之後，看似慷慨的行爲實則是種僞善。比如某家公司的環保行動其實只是爲了漂綠，或是某貪婪的商人大張旗鼓地做慈善來減輕自己的惡名。或者前面提到的案例，法蘭西斯的捐獻是因爲他自己先前的魯莽駕駛闖下了大禍。

我可以接受這些情況大概並不能算是慷慨。但卽使如此，我們也得小心不要驟下斷語。沒有人能看透別人的心思。我們通常無法確定他人的動機爲何，甚至連自己的動機也未必清楚。因此，我認爲我們應採用一個原則：**盡可能相信他人的善意**。這項原則本身就是慷慨的體現。如果世上每一個人都對其他人的動機充滿懷疑，這個世界很快就會變得毫無希望。

所以，如果某人捐錢給當地學校，然後他的名字出現在報紙上，確實有可能這完全是出於自我宣傳的自私行爲。但是我們若直接認定，我們自己就缺乏慷慨精神了。更好的想法是相信他至少有部分動機是眞心希望學生們能更好。（值得一提的是，有科學研究顯示以長期而言，感激之情遠比獲取名聲更能激發慷慨精神。）

同樣的道理，只因爲你不滿意就批評某人的善行，其實缺乏建設性。要促成系統性的改變或者在某單一特定問題上造成重大影響，本來就相當困難，而且你可以說每一樁善行都有可以改進之處，畢竟就算只是捐款金額增加也算進步。如果我們只關注善行不完美的一面，而忽略它帶來了什麼正面幫助，我們就落入了讓完美變成善行之敵的陷阱。捐獻屬於自己的東西並不容易，我們應該互相鼓勵，而不是找遍理由互相攻擊。鼓勵是首要之事，**然後**也許可以來討論如何把事情做得更好，也別忘了準備好做出屬於你的貢獻。

總結而言，我們不用只因爲某人存有其他動機就貶低他的慷慨。**永遠**會有其他的動機。慷慨策略是好事。沒有「完美的」慷慨這種東西。除非有明確理由可認定那是僞善之舉，我們應該相信人們的善意，讚揚他的善行。

億萬富豪又如何？

如果是超級富豪做出所謂的慷慨行爲，我們也能以這樣的思維看待嗎？肯定更加困難。億萬富豪從事慈善捐款往往會被指責是爲了換取公衆的認同。或者更糟，是想要勉強維繫他們當初賴以致富的殘缺體制。

這一派批評最爲極端的版本是：公民不應嘗試扮演解決社會問題的角色，這應當是政府的工作。我們所有人只應單純去爭取一套讓富人貢獻更多份額的稅制，最好讓人根本不可能成爲億萬富豪。

我對這樣的論點深有共鳴。貧富不均的惡化確是一個嚴重問題。美國各企業執行長的所得大約是他們旗下員工收入中位數的三百倍（五十年前還只有二十倍），這個事實本身就相當異常。令人震驚的是全球二千七百名億萬富豪的財富總和甚至超過一百二十個最貧窮國家的資產總值。如果現在有人要從一張白紙開始從頭設計一套全球系統，絕不可能認爲這是合宜的目標。

不僅如此，肯定有某些億萬富豪別有居心地利用慈善捐款。就算不是這種狀況，由他們一手決定世事的變化也令人忿忿不平。在一個發達的民主體制下，對我們生活至關重要的決策應該由所有人共同參與。這些決策大部分都應透過稅賦由公共資金來支付，而富人應該繳納最重的稅。

我支持累進稅制應該更爲積極的想法。但是問題在這裡：即使是最理想的情況，藉此改善貧富不均也需要好幾年的時間。部分原因在於，沒錯，富人可以利用他們的財富來影響政治決策。但還有另一個更加強而有力的原因，富人是可以移動自如的，他們可以選擇遷移到另一個國家。然而稅制正常來說卻是不能移動的，只能由國家政府來實施徵收。沒有一個國家有餘力將稅收提高到趕走那些最富裕公民的程度。

與此同時，私人資本會持續累積，持續變得愈來愈龐大。這背後有幾個原因。正如法國經濟學家托瑪．皮凱提（Thomas Piketty）記載的資料，富人平均經過通膨調整的一年投資收益率在百分之五以上，比大部分國家的經濟成長率都高。因此，平均而言，相對於一般公民，他們財富累積的速度更快。

貧富不均還有一個更爲根本的原因：全球日趨緊密的連通性。五十年前，你若是做生意，可能要花好幾十年的工夫才能擁有一百萬名客戶。如今已有好幾家企業短短數年就已擁有十億名客戶，臉書、谷歌與亞馬遜就是三個例子。對植基於網際網路的事業來說，整個世界也只不過是一個按鍵的距離。就算沒有具爭議的商業行爲，也能一眼看出這些企業的創辦人是如何變得富可敵國。

所以，我們該對這些億萬富豪說什麼呢？難道要說在我們想出辦法對他們的財富課以重稅之前，就儘管獨自坐擁他們的財富嗎？若眞是如此，等於全球最可觀之列的一種資源被浪費掉了。如果過去幾十年來我們都採取這樣的立場，對付小兒麻痺、砂眼、兒童死亡率以及其他許多重大問題的全球性努力都會遭受嚴重挫敗。根據《富比士》（*Forbes*）雜誌的估計，全球億萬富豪的財富加起來高達十二兆美元。這些資金足夠在全球許多重大問題上造成影響。如果有人認爲這些資金應該無所作爲，就擺在原地以每年百分之五到百分之十的速度增長，簡直就是瘋了。

這裡提出一個有別於此的做法。爲什麼不更有策略一點？在我們致力於推動改革、期待或許有天能帶來一個更公平世界的同時，何不也嘗試說服這個世界的億萬富豪加倍投入慈善事業，而且要用促進公共利益最大化的方式爲之？今天的問題不是億萬富豪對慈善捐款投入太多，而是投入太少。根據《富比士》的計算，大多數億萬富豪終生的已知慈善捐贈總額不及他們身家的百分之五。我們不應該告訴他們慈善捐款是餿主意，我們應該敦促他們投入更多，並且就哪種類型的捐贈最有價值進行對話。

我猜測大多數的億萬富豪都會樂意這麼做。事實上，我知道事實就是如此。第十二章將會提到，我這幾年持續在負責一項稱作「大膽計畫」（The Audacious Project）的倡議活動。其目的是尋找符合我們全體利益的慈善計畫，然後說服捐助者給予支持。

其中有許多捐助者的確是億萬富豪，而且我經由無數次的私人對談了解到用對的方式做慈善對他們有多重要。

如果我們能夠放下用完美濾鏡去檢視慷慨行爲的直覺反應，或許能找到一種更健康、更有建設性的對話。不論貧富，我們可以信任彼此的好意，尋求攜手努力的可能性。我們的目標不是展示完美的道德，而是嘗試讓世界更好。這些改變會一步一步發生，我們會肯定彼此的努力，並且鼓勵彼此尋求更理想的方式去奉獻自我。

但是，在這一切之前，我們要如何找到慷慨的動機？我們生活中的壓力與需求如此繁多，要我們顧及自己之外的事是否有些強人所難呢？

這是一個關鍵性的問題。經營TED的一大樂趣是有機會結識多位全球最頂尖的心理學家與演化生物學家。容我分享從他們的演講、他們的著作以及多次面對面交流中學到的東西。這些知識既引人入勝又振奮人心。

CHAPTER 4

潛在的超能力
深植每人心中強大的慷慨種子

我在二十幾歲時逐漸放棄宗教信仰，但有一個關鍵性的問題讓我停下來思考。如果生活中沒有上帝，我還能提出什麼理由去做對的事？去善待別人？去做任何不自私的事？

我過去一直認爲良心是上帝爲人類創造出來的、不可或缺的道德羅盤。如果上帝不存在，人們還有什麼理由能主張我們有時該爲共同利益做出犧牲？說到底，我們不就是只追求自己的利益嗎？世俗的生物學不就是這樣告訴我們的嗎？說我們是一路演化而來的動物，和其他所有生物一樣爲生存而戰鬥？

但是，當我開始接觸到宗教界之外的頂尖思想家們，我逐漸明白這根本就不是現代演化生物學的說法。與其說我們天生就全然自私自利，我了解到演化能夠創造出有強烈渴望去從事無私行爲的生物。就是這樣的本能使慷慨能夠擁有感染力。

女孩與木匠

二〇二二年二月五日的傍晚，三十七歲的木匠穆罕默德．梅赫布（Mohammed Mehboob）站在印度博帕爾（Bhopal）的某個平交道前。清眞寺的祈禱會剛結束，他正在回家的路上。他和同伴停下來等候一列貨運列車通過。有個身穿紅衣的小女孩站在她的家人旁邊，肩上掛著小背包。令人意外的是列車停了下來。小女孩與她的家人隨大家一起穿越鐵道——但突然之間列車又開始移動了。人們趕忙衝過鐵道，小女孩的腳卻卡在鐵軌中而跌倒了。聽到驚慌失措的尖叫聲，穆罕默德回頭，看到小女孩倒在鐵道上，而火車正快速逼近。

小女孩努力想站起來，卻又摔倒，嚇到動彈不得。穆罕默德箭步衝過去。列車即將駛來，他在這一瞬間意識到已經來不及把女孩拉開了，於是他當機立斷地跳上鐵軌，緊抱著女孩貼向地面，護著她的頭。片刻之後列車自上方呼嘯而過，距離他們的頭部只有幾英寸。彷彿過了許久，隆隆的金屬碰撞聲才消失，換成人們如釋重負的啜泣。默罕默德與小女孩也終於能起身離開鐵道。

穆罕默德繼續踏上回家的路──他甚至沒有停下來問女孩的名字。當他英勇救人的影片在網路上爆紅，他謙虛地回答說他只是聽從本能行動罷了。

是什麼力量能驅使一個人對一位陌生人採取這樣的行動？它肯定是來自人的內心最深處。這是一種出其不意、無意識、極度無私、勇氣十足的舉動，而且很可能不只是別人，就連他自己也感到驚訝。

你會懷疑這一點嗎？也許你覺得你絕對做不到穆罕默德這樣的行爲。也許真是如此。但如果你在場，你一定會**感覺**到某種東西。看到直直衝來的火車，你會感到恐慌，產生一股想保護這個可憐女孩的強烈衝動。也許不想冒上生命危險的顧慮澆熄了這股衝動，但是這種衝動的確實存在就是一件非凡之事。

試一下這個思想實驗。你正在回家途中，看見同一個女孩坐在路邊的長椅上。她把臉埋在手臂裡，因爲恐懼而顫抖。原因目前不清楚，但是你可以看出她深陷痛苦之中。而且周圍沒有其他人。你會怎麼辦？

這一次，我們之中有更高比例的人會有所行動。我們可能至少會走過去問她還好嗎？但還是一樣，不會全部的人都這麼做。慷慨的本能永遠都或多或少被另一種本能所抵消，也就是損失趨避（loss aversion）。我們就是不想放棄我們現有的東西，包括我們現有的舒適程度。也許你正要趕去一場重要的晚餐之約；也許你擔心走過去坐在她旁邊會讓你捲入不想捲入的事情；也許你認爲她是某種犯罪攻擊的誘餌。不過即使損失趨避的本能最終勝出，我敢保證你仍會感覺到那股想伸出援手的強烈衝動。這種感覺就是每個人與生俱來的原始渴望：我們應該互相照顧。

這樣的感覺究竟爲什麼存在？我們明明是力求生存的生物體。當這種感覺可能導致我們就他人的利益行事，我們爲什麼會爲這種帶有風險的感覺分神？

自私的基因如何製造出無私的人

我們有時會以爲我們的演化史就是生物體之間血腥競爭的一套譜系：就如阿弗列・丁尼生男爵（Alfred Lord Tennyson）寫下的詩句，「大自然，染紅的利牙與尖爪。」（Nature, red in tooth and claw）但是競爭有許多種方式，而事實證明，一個動物群體要生存與繁榮的最佳方式之一就是擁有無私的本能。

許多動物都發展出了這樣的本能：螞蟻、海豚、大象、狗與倭黑猩猩，這是其中一小部分。人類亦在其中。發展出這些本能的可能途徑有很多種。認知科學家史迪芬・平克（Steven Pinker）就曾告訴我：「你只需要這個事實就夠了：一個生命體可以用很小的代價爲另一個生命體帶來很大的利益，而且角色可以互換。具有智力與社會性的物種能夠善用這樣的不對稱性。」

換句話說，一個共同生活的群體，如果具有足夠精密的心智能在多次互動中記住群體成員的表現，就很容易適應一種慷慨互惠的相處形式。**我現在有些多餘的食物，我可以跟你分享。這對我來說不是很高的成本，卻能救你一命。你會記得我做了什麼，有一天你也會跟我分享你的食物。我們雙雙受益。**

爲了充分實現這種機制的潛力，人類需要時間建立一套必要的情感適應特質，包括同情需要幫助的人、感激伸出援手的人，對欺騙者與不回報者的憤怒，以及行動不足的罪惡感。正是這些情感的共同作用驅動著我們的慷慨本能，並且確保我們能夠頻繁、公平與有效地運用這種本能。形成這些情緒的基因也因此建構出一套出色的策略，讓自己能生存與發展，並且傳承下去，我們的祖先就是這樣將它們傳給了我們。

內團體與外團體

這些情感是根據人類以狩獵與採集爲生活方式的小團體進行微調，這樣的團體可能是一百五十人左右，因此未必會擴展到我們部落以外的人。事實上，心理研究證實大多數人會自然地將人們分成「內團體」與「外團體」。一般而言，前者是與我們一起長大或同屬一個社群的人。我們的同理心本能對內團體的人相對高得多。反之，對於那些認知中的外人，我們的最初反應可能是漠不關心、懷疑，甚至冷酷。

不過有件事足以振奮人心。社會科學實驗顯示，內團體與外團體之間的界線具有可塑性。這道界線和膚色、信仰、地域、口音等特性並非密不可分。例如，有項研究發現，當一個多元化的團隊獲得共同的隊名，或單純安排他們坐在一處，都能很快建立起內團體的忠誠度。

還有一些其他研究顯示，講述某人的故事能大幅轉變別人對他的看法。當你發現另一個人類懷有與你相同的恐懼、希望與夢想，將他當作內團體的一份子那樣對待變成再自然不過的事。廣泛閱讀小說有助於擴展人們的同理心圈子，觀賞電影與電視節目也具有類似效果。

二〇〇八年的時候，TED協助當年獲得TED大獎的紀錄片導演人吉安・紐潔姆（Jehane Noujaim）開創了一個活動（盤古大陸日〔Pangea Day〕），在這一天，全球百萬人花了四小時觀賞影片，這些影片分享了來自不同國家的人聲所敘述的動人故事。這個活動的宗旨是：藉由置身於彼此的角度，我們的心就能更緊密。而這確實是參與者回饋的心得。夏威夷的一名學生溫內特．穆拉瓦（Winnet Murahwa）與她的同學一起觀賞之後表示：「我完全無法從螢幕移開目光，這對我來說是一場靈性體驗。」她的同學埃普麗爾．桑切斯（April Sanchez）也贊同：「知道這個世界有許多人都經歷過與我一樣的困境，讓我感覺更像個人了。」

所以說，我們人類是在內團體中演化出驅動慷慨的本能。我們亦有能力不受限制地擴展內團體，這爲我們帶來無窮希望！現在，我們要轉而談論另一個本能，它在擴大我們的慷慨範圍方面具有關鍵性的作用。

回應的衝動

人類最著稱的就是善於回報各式各樣的社交行爲。你跟我鬧著玩，我也跟你開個玩笑。你對我態度惡劣，那你最好小心點。

以德報德、以怨報怨的自然渴望，是我們心中慷慨引擎的核心部分。有許多社會實驗都展現出這一點，其中包括我們將在下一章深入探討的一項重大新實驗。如果人們對我們友善，我們會本能地秉持相同精神，在我們的未來行動中給予回應，不論是對他們或是對待其他人。這與對方是否屬於內團體無關。事實上，這種回應的衝動是擴張內團體的一種自然方式。

我曾多次進行這樣的本能回應測試，得到的結果始終令我驚奇。舉例來說，我曾應邀到英國巴斯（Bath）的母校發表演說。演講剛開始，我將我的手機交給坐在前排的畢業班學生（大都是十七或十八歲），並且提出邀請，如果他們想要參加一項費力耗時、但能揭開他們身上某些重要事情的實驗，就將他們的電子郵件輸入我的手機。

有十三位勇敢的學生輸入了他們的電子郵件。我在演講結束前做出一項宣布，令他們的父母和師長頗爲吃驚，我告訴他們，我會給他們每人一千英鎊（約台幣四萬元），在未來一個月任憑他們使用，只有一個條件：他們事後必須回報這筆錢的用途。

事後證明，校長擔心他們把錢花在嗑藥派對完全是多慮。幾乎所有學生都將這筆錢投入他們所支持的外界目標，直到兩年後，這項實驗依然對他們意義非凡。

例如，一位名叫阿奇・格里菲斯（Archie Griffith）的學生將這筆錢捐給慈善組織的反對悲慘生活運動（Campaign Against Living Miserably，CALM），這是一個男性自殺防治組織。對這個組織研究一番後，他備受啟發而決定做一個危機處理志工（crisis volunteer）。他告訴我：「我在這裡發現一個人的努力確實可以拯救生命。」

另一個學生奧菲利亞・費爾蒙爾（Ophelia Fellhauer）將這筆錢分贈給一個LGBT組織，與馬拉威（Malawi）的一個女性賦權團體。她寫道：「我有機會與這筆錢的受益者共度一些時光，看到了我們的支持對他們生活的影響。感覺非常不可思議又很有意義，是我永遠不會忘記的經驗。這個實驗是我的學校生涯中最具啟發性和鼓舞人心的經驗之一。」

他們必須公開他們的錢花到哪裡去了，這是否影響了他們的決定？這基本上算是一種道德訊號（virtue signaling，指以某種言論公開表態，目的是彰顯自己站在道德正義的一方或炫耀自己品格高尚）嗎？就部分而言，確實如此。但是我們可以嘗試從另外兩個角度來看：第一，他們仍然大可花在自己身上，例如就讀大學第一年的費用或其他對未來的投資。第二，他們可能在乎這個抉擇對他們聲譽造成的影響，此一事實將他們置於這個日益透明的世界中我們所有人捐贈東西時的相同處境。聲譽的確重要，聲譽擁有鼓勵慷慨行爲的神奇力量。我們應該讚許這種長期的利己動機。

還有一種方法能讓慷慨自然而然具有感染力。即使你不是慷慨的受益者，單單只是看到別人慷慨的行爲也會激勵你起而效法。這在某種程度上適用於人類的所有特質。其他人對我們影響甚鉅。尼可拉斯．克里斯塔基斯（Nicholas Christakis）等人的研究顯示，行爲舉止會在人類網絡中急劇傳播。如果我們的朋友圈——與他們的朋友——展現出獨特行爲，我們自己很可能會採用相同行爲。不過就慷慨來說，其效應會被社會心理學家強納森．海德（Jonathan Haidt）所謂的「道德提升感」（moral elevation）進一步放大。當我們目睹某人對第三者的善行，會對我們造成實際的生理反應——一種溫暖的振奮感油然而生，鼓勵我們起而效法，如此一來就創造出善意之連鎖反應的潛能。

YouTube有一部影片叫作《善的迴旋》（*Kindness Boomerang*），由非營利組織內在救生衣（Life Vest Inside）所製作，這部影片就描繪了上述的連鎖反應。在街頭場景中，一樁善舉激發了一連串的其他善舉。有趣的是，光是觀賞這部影片的行爲就能夠創造出相同的振奮感——該部影片吸引逾三千萬次觀看，並獲得數以萬計像這樣語帶感激的評論：「我以前常在上學途中的車上看這部影片，我眞心認爲自己因此成爲不一樣的人。它鼓勵我做出許多善意的行動……」

思考一下這件事。你甚至不必親眼看到現實世界中的慷慨，單單只是觀看影片就足以激發你的道德提升感。別忘了我們身在一個影片可以無限分享的世界。眞是希望無窮，不是嗎？

超越同理心

因此，我們是生來就具有慷慨的，而且不論是受益者或旁觀者都會對慷慨做出回應。這些美好的事實往往被我們忽略。結合這幾個事實，就可以明顯看出慷慨的連鎖反應是如何展開。但我們有些事需要留意，儘管我們的慷慨本能根深蒂固，卻未必永遠能爲我們指引正確的方向。這些本能是爲了我們生活在小型社群的環境而形成的。當我們認知到某人正陷於痛苦或危險之中，慷慨本能的反應最爲強烈。這些本能並不是完美的指南，無法引導我們用最佳方式去幫更大範圍的人群，甚或整個地球。

心理學家保羅・布羅姆（Paul Bloom）曾經提出，過度依賴我們的同理心本能，可能使我們只關注我們所認知的內團體成員，而無視更廣大的社會利益。同時也可能導致我們只關心個體，而忽略較大的群體。畢竟你無法**看見**大型群體。比起宣揚能夠拯救數百萬人生命，使用一名兒童受苦受難的照片能讓慈善團體更容易募得資金，這並非偶然。

我們的反思性自我與我們的蜥蜴腦

解答在於，我們不能只依賴我們的本能，也需要同時運用我們的反思性思維。在我充滿宗教氣息的成長過程中，我被教導生活就是我們的內在惡魔與神性之間的戰鬥。細節或許有些不正確，但我認為這則故事的現代版本對於理解我們自己至關重要。今天，我們所面對的許多內在掙扎都是**本能自我**與**反思自我**之間的拉扯。這是兩個從根本上就截然不同的心理系統，正如偉大的心理學家丹尼爾・康納曼（Daniel Kahneman）在其著作《快思慢想》（*Thinking, Fast and Slow*）中精闢的闡述。

我們的本能自我是他所謂的系統一（System 1）思維，即「一個直接跳到結論的機器。」它運作快速，快到我們常常對它的行動毫無意識。它能迅速控制我們的肌肉，讓我們逃離危險。但它也可能伴隨著一些強烈的基本情感：恐懼、慾望、憤怒與貪婪。我有時會用「蜥蜴腦」（lizard brain）這個用語來描述我們身上的這個部分。並不是指我們內心眞的有隻蜥蜴，這個詞是我們本能自我的生動有力的簡稱。

和我年少時學到的內心惡魔不同，蜥蜴腦帶給我們許多重要好處，讓我們能在生活中做出有效、快速且無意識的決定；很多的刺激；很多歡的樂；沒錯，還有驅使我們展現慷慨的核心本能。但蜥蜴腦也能使我們深陷困境。每一個暴力、成癮、欠缺思考所引發的殘酷故事，其核心都有蜥蜴腦活躍的痕跡。而說到慷慨，我們的基本本能也只能帶我們走到這裡了。

值得慶幸的是，這並不是我們的全部。我們演化出了巨大的前額葉皮質，在所有動物中獨一無二。是的，它有一部分是用來強化我們的本能行為。不過它同時也讓我們擁有一個能夠反思的自我，我們內心的智慧與監督之聲，也就是康納曼所說的系統二（System 2）思維。正是這部分的我們編織出我們的內在故事，述說我們是誰、我們想要成為什麼樣子。這部分的我們會和拖延偷懶對抗，深思熟慮地安排我們的生活，使之具有生產力、充實和慷慨。如果你曾經自問「我如何才能成為最好的自己？」這就是你的反思自我的聲音。當我們躺在臨終床上自問是否為我們的一生感到驕傲，是我們的反思自我在進行評判。

我們生活中的方方面面，都需要啟動我們的反思性思維並自問應該如何引導我們的本能。用飲食來做個比喻，只要有機會，我們的蜥蜴腦就會無法抑制地渴望糖與脂肪，讓現今的飲食很輕易就被垃圾食物所統治。要避免這樣的情況就需要用上我們的反思性自我。同樣道理，在慷慨這件事上，我們也應該有意識地引導同情心的本能衝動去發揮最大效益。只有所傳播行爲的理性與感性一樣多的時候，有感染力的慷慨才不負其價值。

慷慨使人快樂

我們的心理學模型中，還有一項因素也具有驅動慷慨大度精神的強大力量——假如能更廣爲人知的話。那是一個社會科學已明確證實的結論：慷慨能使人更快樂。

民調公司蓋洛普（Gallup）針對各國人民生活的多項層面進行調查，包括收入、消費模式以及幸福水準。某項針對一百三十六國共二十三萬名受訪者進行的調查分析中，發現了令人驚奇的結果。那些報告上個月曾捐款給慈善機構的人明顯比其他人更快樂。而且對快樂感的影響程度和年收入翻倍時相當。想想這件事，大多數人只要收入增加百分之二十就會感覺生活與之前大不相同。但是蓋洛普的資料卻顯示，只要選擇慷慨就能擁有這樣的快樂，甚至還更多。

切記，這些數據顯示的是相關性，未必能顯示因果關係。也許快樂的人就是比不快樂的人更可能捐錢給慈善事業。不過其他一些研究揭示了其中確實存有因果關係。在一項具代表性的實驗中，隨機抽選的受試者應邀將一筆錢用在他人身上，事後他們報告的快樂水準高於那些將錢用在自己身上的人。

英屬哥倫比亞大學（University of British Columbia）的伊莉莎白・鄧恩（Elizabeth Dunn）教授是這個主題的頂尖科學研究者之一。她在ＴＥＤ演講中描述了一項以幼兒爲主角的研究，指出就算是幼兒，他們送出糖果時的快樂指標也高於自己收到糖果的時候。

由此觀之，科學看來是堅定支持這個由歷史上那些最激勵人心的人物所驗證的智慧：慷慨會帶給你快樂。但我並不認爲有多少人眞正相信這句話。許多關於快樂的眞理都是老生常談。愛可以讓你快樂。美——無論是藝術之美還是自然之美——能讓你快樂。有意義的工作能讓你快樂。金錢——在某種程度上——能讓你快樂。

我們知道這些都是眞實的，我們也花很多心血追求它們。但是很少人會談到奉獻所帶來的深刻快樂。

形成這種不相稱情況的原因之一是，奉獻所帶來的快樂事前常常是潛藏不露的。愛情或物質上的成功讓我們心心念念，我們渴望得到這些事物，因確信它們會帶給我們快樂。但對慷慨就不是這樣了，它往往被損失趨避所掩蓋。**如果我把這個給出去，我就永遠失去了，要想清楚！**只有在行動之後我們才會感受到喜悅和滿足。

這在我們的獲取本能與奉獻本能之間造成一種危險的不對稱。我們渴望與追求物質，相信它一定會爲我們帶來快樂。然而我們的預期心理高估了我們所得到的。現實的情況是大部分的物質獲得只能帶來短期的快樂，接著我們會體驗到所謂的享樂適應（hedonic adaptation）。也就是說，我們會習慣所得到的東西，然後開始尋求下一件能讓我們感到渴望的東西。

因此，就某種意義而言，我們被自己的基因所控制，成爲無法滿足的掠取機器。可以理解這些基因爲何出現、爲何興盛。它們也許是我們這種奇怪的無毛猿猴之所以能夠持續不懈地擴散到整個星球的關鍵原因之一，但這並不代表猿猴本身自其中獲得長久的快樂。

相比之下，由慷慨所激發的快樂似乎不太受到享樂適應的影響。在一項實驗中，受試者可以選擇把錢定期花在自己身上，或別人身上，最初兩個組別都報告了滿意度增加的情形。但隨著時間推移，第二組的滿足感水準並未消褪。

人類是一種奇特的動物。那些高聲吶喊的預期快樂並不會落實，反倒是輕聲低語的那些快樂可以維持一輩子。

我們的一生都在面對一種衝突，在「積累」衝動與「奉獻」衝動之間——成爲付出者或成爲索取者。類似的鬥爭也在其他無數的人類行爲領域中上演：飲食、憤怒、性愛、拖延。我們應該更加審慎地觀察我們的本能行爲，然後用我們心智中更擅長反思的部分予以調節。我們也許會發現，如果我們能調低對獲取物質的渴望，把心力奉獻給更多的慷慨之舉，我們的長期快樂水準將有飛躍性的提升。

有個諺語可能對婚姻的看法有些憤世嫉俗，不過除此之外說明了一切：**如果你想快樂一小時，就睡個午覺；想快樂一天，就去釣魚；想快樂一個月，就去結婚；想快樂一年，就繼承一筆遺產；想快樂一輩子，就去幫助別人。**

點與點的連接

當你把這些拼湊起來，就可以輕易看出慷慨的感染力如何能成爲一股強大的力量。大多數人類都有兩種根深蒂固的本能：一、想幫助別人的強烈渴望。二、不由自主對慷慨做出相同回應的衝動，無論是慷慨的受益者或旁觀者都一樣。這兩種本能可以點燃火炬，將慷慨的精神遠播出去。不過我們需要以反思的智慧來控制與引導火焰的方向，讓善行的效應最大化。運用這種智慧可能是一大挑戰，但只要我們堅持不懈，我們的努力不僅對世界有益，對我們自己也有益。這些努力會帶給我們深刻的快樂，讓我們不枉此生。

現在，對於曾經緊追著我不放的那個問題，我想答案已在我們眼前。如果撇開宗教的訓誡，慷慨的理由是什麼？面對那些寧可只照顧自己的人，你會說些什麼？也許是：

雖然不總是那麼明顯，不過慷慨是我們之所以成爲我們的一部分。無論你認爲我們是由上帝所造或演化而成，相互照應是我們與生俱來的本能。只有慷慨成爲我們生活中的基本構成，我們才能獲致最深刻的具足。沒有人能明確告訴你，你對自己的同胞有何義務，但尋找屬於你的答案是眞正重要之事。你的聲譽、你的長遠幸福，以及你周遭之人的幸福都取決於此。

當我有機會策劃一項別出心裁的社會實驗時，這些關於人性的眞理深深地觸動了我。接下來就讓我與你深入分享其中發生的故事。

CHAPTER 5

神祕實驗——給予網路上的陌生人一萬美元，接下來會發生什麼？

二〇一九年，TED社群中的一對夫婦經由投資獲得一筆意外之財。他們想回報這份好運，決定捐出其中可觀的一部分：兩百萬美元。但是比起單純只是贊助TED或其他慈善事業，他們更想找到一種別具創意的方式來捐贈這筆錢。

他們想出的點子的確創意十足，甚至有些膽大妄爲。他們決定以匿名方式捐錢給陌生人，金額是每人一萬美元。並且他們希望能與TED和社會學家合作，看我們能否有辦法擴大這份餽贈的效應。

我至此已看見了慷慨的力量蠢蠢欲動，對於能有機會幫助這個可遇不可求的計畫大爲興奮，我提議將上一章提過的、在我的母校進行的實驗規模進一步擴大。我們在英屬哥倫比亞大學的心理學教授伊莉莎白・鄧恩的幫助下，合力設計了一項名爲「神祕實驗」（Mystery Experiment）的活動。

該項實驗的運作如下所示。

邀請

二〇二〇年十二月，我在社群媒體上發出通告，邀請人們來應徵參加一項別開生面的研究項目。「這項計畫興奮刺激、充滿驚喜、些許耗時，可能稍有壓力，但也可能會改變你的一生。」其中沒有提到錢。

我們將該計畫標記爲#MysteryExperiment，最終募得幾千名應徵者，沒有一個知道自己報名的是什麼。我們挑選了來歷廣泛的兩百人來進行實驗，他們共來自七個不同國家（印尼、巴西、英國、美國、加拿大、澳洲與肯亞）。我們寄發影片給他們，告知這個好消息：他們每人會從「TED社群中的一對匿名夫婦」手上獲得一萬美元（將匯入登記在他們名下的PayPal新帳戶）。他們可以**隨心所欲**使用這筆錢，只有兩項原則需要遵守：

- 必須在未來三個月內使用完畢。
- 必須向我們回報他們如何使用這筆錢。

此外還有一個關鍵的設計轉折。我們會鼓勵其中一半的受試者將這個消息保密，同時建議另一半的人在社群媒體上分享這件事，並在錢花出去的時候發布貼文。（另外還有個一百人的對照組，只收到一小筆填寫調查問卷的費用。對他們來說不太幸運，不過他們確實爲實驗增添了至關重要的科學有效性。）

回應

實驗結果著實振奮人心。

如同英國的十三位學生，接受神祕實驗資金的兩百人之中，絕大多數都回報他們將相當可觀的一部分錢直接捐贈出去！平均而言，只有**三分之一**的錢是花在他們自身需求上。其餘的都用來幫助朋友、家庭成員與外界。卽使是那些收入最低、這筆金額對他們來說足以改變人生的人也一樣，平均把三分之二的資金都捐贈出去。

這是反對經濟學所謂理性代理人（rational agent）理論的有力證據，該理論設想人一般而言會把錢花在自己身上。也許人們對自己賺來的錢是這樣，但是當他們是他人慷慨的受益者時，結果顯示他們會產生用相同方式予以回報的熱烈渴望。

意外的是，可以私下做決定的人和必須把花錢方式公布在社群媒體上的人之間並沒有顯著的差異。這意謂著人們的捐贈行爲是出於報答的自然本能，而不是爲了博取線上觀衆的社會認可。

他們的故事

在實驗結束後，我訪問了其中幾位參與者，他們訴說的故事令我大開眼界。

莉迪亞．塔瑞根（Lydia Tarigan）是印尼的一位創意總監，她收到的一億四千萬印尼盾幾乎沒有一毛錢是直接花在她自己身上。反之，她將一千萬印尼盾贈予某個她心存感激的同事，還有另一個同事也一樣。她還給了一個不太熟的同事五百萬印尼盾，這名同事最近診斷出患了癌症。她分別捐贈了數百萬印尼盾給世界自然基金會（World Wildlife Fund）、水災受害者和一個寵物救援慈善機構。此外她也花錢讓家人們接受了健康檢查。

她告訴我，「當我得知自己被選中時，我興奮到尖叫。慷慨真是了不起的力量，讓受贈者感覺自己被人看見，彷彿是把自尊交到他們手上。慷慨也在施者與受者之間搭建了一座連結彼此的橋梁。我想讓別人也感覺被看見，就像我感覺被看見了一樣。」

來自加拿大的克萊兒・麥克斯威爾（Claire Maxwell）則用美妙的語句闡述了那種即刻發生的回報渴望。她說：「我經常想到捐款人，以及我希望如何能讓他們感到驕傲。他們承擔了財務風險，讓我想要盡己所能來報答。如果我是買彩券中了相同金額的獎金，我相信我會選擇用不同方式花錢。我完全不覺得那是給我隨便花的錢——那些錢是一個家庭的無私贈禮。能與其他人分享這份贈禮是一種特權。」

英國科技業高階主管莎拉・德林克沃特（Sarah Drinkwater）則是決定將一萬美元全數捐出——然後立刻面臨了決心上的考驗，她次日收到一張突如其來的稅單，需繳金額甚至超出一萬美元。但她仍堅持她的決定，並計畫將一萬美元分成二十筆的小額捐款，每筆爲五百美元，資助項目如退休人士野餐、一位藝術家的壁畫，以及自閉症兒童的感覺統合玩具等等。她告訴我：「我幾乎每天都會經過我資助過的項目——鄰里中的3D列印迷你食物銀行（由3D列印技術製作的迷你房屋，擺放在街邊路人可及之處，用途爲收集各界捐贈食物給需要的人）、當地學校外面的花壇。許多受贈者告訴我，除了金錢之外，公眾對他們努力的認可更是力量強大。這個計畫再次提醒我那些一直都認爲是眞實的事物——社區、關懷、喜悅，還有慷慨行事——這些事物也受到很多其他人的重視，所以我應該相信自己。」

來自美國的寇克・西特倫（Kirk Citron）表示：「我想的並不是買一些我喜歡的好玩東西，而是很快做出結論：『如果神祕實驗的資助人能捐出兩百萬美元，我當然也能捐出一萬美元。』我決定『把愛傳下去』——我透過配對捐款（matching grant）的方式把這些錢捐給我選擇的人道救援組織「現在人類」（Humanity Now），以此邀請其他人加入「把愛傳下去」的行列。許多人加入我的行動，最後我們總共湊到二萬七千美元的捐款。慷慨能夠激發更多慷慨。」

明確提及他們感受到一股衝動、想用相同方式回報捐贈者的人數多到令人驚訝。（這邊必須澄清，他們絕對沒有任何必須這樣做的明確條款。我們告知的是他們可以自由使用這筆錢。並且他們也沒有任何理由認爲兩位匿名人士的捐款不是一次性的。）由此可知，這項實驗提供了迄今最爲強而有力的一些證據，可證明人類具有以慷慨回報慷慨的穩定傾向。過去的類似實驗大都是針對大學心理系學生提供小額贈禮。這次實驗是史上最大規模，總金額遠高於同類研究，且在多個國家進行。而其中不分文化、不分收入水準，人們都一樣用慷慨來回報慷慨。

幸福快樂的角度

不過，還有另一個有力的科學發現，即慷慨與快樂之間有強烈相關性的進一步證據。我們要人們根據事後回顧時的快樂程度去評估他們的每一項大筆花費項目。調查結果顯示在下圖中，X軸上的0.0表示快樂的平均

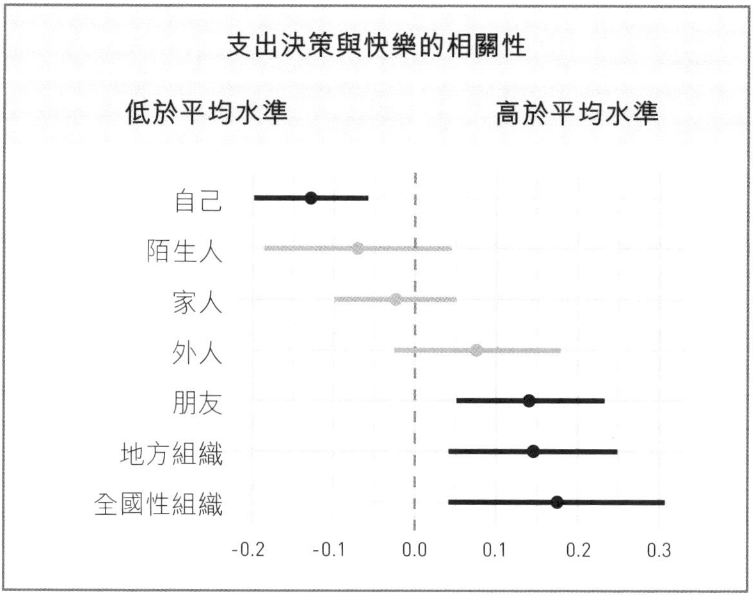

值，正值表示快樂值高於平均水準。圖中顯示捐贈所帶來的快樂值顯著高於個人的花費。

描述了神祕實驗某項最驚人發現的一篇論文在二〇二二年底刊登於《美國國家科學院院刊》（*Proceeding of the National Academy of Sciences*，PNAS）。根據其估計，那對匿名夫婦的捐贈爲他們所帶來的快樂，是他們個人獲得兩百萬美元的兩百倍。這篇論文被認爲是主張富人應該慷慨解囊的最有力論據之一。

讓我們細細咀嚼這個結論，因爲它凸顯出當慷慨化爲指數級增長時所能產生的力量。假如那對夫婦沒有資助這項實驗，而是決定自己保有這筆錢財，會怎麼樣呢？毫無疑問，這會爲他們帶來一份額外的財務保障，這可不是小事。這可能讓兩人與他們的直系親屬有好幾年時間過得更加稱心如意一點點。

但因爲進行這項實驗，他們爲世界帶來了以下事物：

■ 兩百人獲得他們終生難忘的贈禮。

- 另外一千人在這兩百人將善心傳遞下去的行動中受益。
- 全球各地逾五百個組織獲得捐贈。
- 超過一百萬人在社群媒體上看到了使用 #MysteryExperiment 標籤的慷慨故事（平均每人看到六次），其中一些人用慷慨行動予以回應（有個人收養了一隻紅毛猩猩！）。
- 兩篇論文公開發表，以前所未有的規模顯示出慷慨的連鎖效益。
- 大量的幸福快樂。根據PNAS的論文，這對夫婦將錢捐出去所得到的快樂，是自己花用這筆錢的兩百倍。（他們也的確坦言這次經歷不但沒有奪走他們的快樂，反而爲他們帶來更多喜悅。）
- 這本書的問世。正是因爲近距離目睹這項實驗，我才下定決心著墨慷慨這個主題。

最終，他們的贈禮讓我們見識到金錢的饋贈在網際網路的加持下會發生什麼事。

它所帶來的美好漣漪效應可說是有目共睹。

有機會捐出兩百萬美元的人沒那麼多。但是金額並非重點所在，任何慈善之舉都有向外擴散的潛力，而這一切需要的也許只是一點夢想與一點勇氣。

這是因爲我們身處於一個前所未有的時代，一種新的超能力就在我們眼前，現在是時候擁抱它了。

感恩時刻

我們卽將展開這趟旅程的第二部分，在這裡，我們將捲起袖子，從實踐的角度來思考如何讓慷慨變得有感染力。我們將聆聽數十則富有感染力的慷慨故事，從中發掘我們做爲個人能夠做到的事情。不過在出發之前，讓我們先暫停一下。慷慨還有另一個我們需要考慮的層面。

有感染力的慷慨始於我們的腦袋裡。我們需要找到一條通往慷慨心態的途徑，這種心態是所有贈予的核心。有鑑於每天的生活都充滿挑戰，我們很容易把大部分時間用在自身事務上。但在這種思維中，幾乎不可能想像去爲別人做任何事情。

那麼，你能如何建立慷慨的心態？

或許可以從對**自己**慷慨開始。我們許多人都飽受一種自己「不值得」的感受所困擾。這樣的心態框架使得我們很難把目光投向外面的世界。丹・哈瑞斯（Dan Harris）曾在TED發表一場精彩（又搞笑）的演說，談論如何培養對自己的同情心。經過某次令他無地自容的三百六十度回饋（360-degree review）之後——在回饋中，家人、朋友與同事讓他知道他是個自私、小題大作且對基層員工很壞的人——哈瑞斯花了一切力氣改正自己。他原本就有在練習冥想（但是就他理解，他「一樣還是個白痴」），當時決定報名參加爲期九天的慈心禪靜修課程（loving-kindness retreat），「這個名稱我聽起來就像情人節在拿槍指著我的腦袋。」但靜修老師告訴他，看到自己內心的惡魔時，他應該對他們說：「沒事，親愛的，我會在這裡陪著你。」他頗不以爲然。

他告訴TED的聽眾，六天來他一直牢牢困在他的怒氣和自我中心裡面。在第六天，他終於屈服了。他仍拒絕稱自己爲「親愛的」，不過他撫著心口對自己說：「我知道很煩，但是我挺你。」此時他突然頓悟，「如果我不想對別人那麼混蛋，我首先需要不對自己那麼混蛋。」

基於這樣的心態，我們應該學會使用能夠激發最好自我的那個工具：感恩。正如神祕實驗有力的證明，當我們相信自己被贈予了某樣東西，將那份贈禮傳下去的行爲就非常自然而充滿喜悅。令人驚訝的是，原來我們有那麼多值得感恩的事情。

有一度，新進的TED員工要在自我介紹時分享他們在生活中所感恩的事物。一位工程師的感恩清單在開頭與其他人大同小異：「我的父母、我的姐姐、我的朋友、我獲得的教育、大白然……」他頓了一下才繼續說下去。「輸電網。你不管去哪裡，只要插上電就有無限的電力供應，這是多麼神奇的事？」眞是一個很棒的答案。

我的感恩清單有什麼？除了我心愛的人之外，還包括了：科學、水管系統、中央暖氣、深深影響我的那些書籍、網際網路（儘管有種種問題）、樹木、夜空、水肺潛水的發明，以及人類重新構思與重塑未來的奇妙能力。重點在於，我們現代生活的幾乎每一個層面都值得感恩。大多數人的祖先一生都活在飢餓、傷病、危險、不適或暴力的威脅之中。而正在閱讀本書的你們，大都不是過著這樣的日子。

有個展開一天生活的美妙方式，就是思考一件令你感恩的事情。嘗試連續一個月每天都挑出一個新事物，然後從頭再來一遍。從這個起點開始，我們很自然就會想要與人分享一些美好的事物。

爲讓我們準備好迎接後面的內容。我們先來看看奧地利裔美國人，天主教本篤會修士大衛．斯坦德．拉斯特（David Steindl-Rast）的這番深思，他耗費數十年在各信仰體系的衆人之間尋找共通點。電影導演路易士．史瓦茲伯格（Louis Schwartzberg）爲TED製作了一部影片，透過鏡頭，將這番深思與我們美麗世界的畫面相結合。每當我感到自己很渺小或開始封閉自我的時候，這個影片就是我的療方。

首先睜開你的眼睛，你驚喜地發現你擁有一雙可以睜開的眼睛，能看到各式各樣不可思議的繽紛色彩，這些色彩不斷爲我們帶來純粹的樂趣。看看天空，我們很少凝視天空。我們很少注意到天空的萬千變化，雲朵來了又走。我們只想到天氣，然而對於天氣，我們也不會去想那一切細微差異。我們只想到「好天氣」與「壞天氣」。今天，此時此刻，我們看到的是獨一無二的天氣，也許再也不會用這個模樣出現相同的天氣。雲彩與天空的模樣再也不會和現在一樣。睜開你的雙眼，看看這一切。

看看你所遇到每一個人的臉。每一張臉背後都有一則精彩的故事，一則你永遠無法完全領會的故事，這不只是他們的故事，也是他們祖先的故事。我們全都可以回溯到很久很久以前，而就在這一天，此時此刻，你所遇到的所有人，所有來自世界各地、世世代代的生命匯聚於此，與你相遇，彷彿生命之水，你只要敞開心扉就能開懷暢飲。

敞開心扉，感受文明帶給我們的各種神奇禮物。你打開開關，電力就爲你帶來光亮。你扭開龍頭，就有冷水、熱水與飲用水流出。

讓感恩之情滿溢，成爲你周遭的祝福，這會是眞正美好的一天。

好的，我們已準備好進入下一部分了……

第二部▼

HOW

怎麼做

人人皆可發揮作用

CHAPTER 6

六種無關金錢的贈予——關心、溝通、知識、連結、熱情、魅力

我們先從一個好消息說起：有感染力的慷慨並不全都與大把鈔票有關。其實差得很遠。許多最能感動人心的慷慨例子，都是根據特定需求所訂製的時間、精力、才能與愛的贈禮。這樣的贈予是每個人都可以做到的。

這種贈予有許多不同的形式：志工、簡單的善舉，甚至只是對經過你身邊的人給予一個微笑。這些全都很重要。不過我們在本章會聚焦於六項有關時間與關注的捐贈，這兩樣東西具有引發漣漪效應的強大潛力。

一、轉移關注目標

禪學大師釋一行（Thich Nhat Nanh）教導我們，關注是我們所能給予別人最珍貴的禮物。無須多言，所有的慷慨都始於這一點——不再只專注於自己、轉而關注別人需求的意願。從這個連結的動作開始，一切皆有可能。

二〇一五年，約書亞・庫姆斯（Joshua Coombes）當時在倫敦一家美髮沙龍擔任美髮師。一天下班回家途中，他注意到某個熟悉的街友站在路旁。大部分的倫敦客每天都會走過無家可歸的街友身邊，往往當他們是空氣。但約書亞卻不是這樣，他走到那人身邊問候他，接著他有了一個主意。他身上正帶著理髮推子與剪刀，於是他表示可以當街爲這個風塵僕僕的男子免費理髮。

「接下來一個小時，他向我述說了他的故事，」約書亞在他的著作《無所不爲（暫譯）》（*Do Something for Nothing*）中寫道，「我們更了解彼此，拉近了距離。」約書亞被這次經歷深深觸動，只要有空就會走上倫敦街頭，爲街友剪髮。最終他將工作退回兼職，只爲了多花一些時間在街上。

約書亞發現他的新事業帶來了難以估計的回報。他發現只要在當下建立起某種信任感，對方就會卸下心防，開始談論他們的生活。光是聆聽他以街爲家的顧客們口中那些既精彩又時常令人心碎的故事，本身就是一種回報。他爲他們的韌性與勇氣感到不可思議，衷心感謝與他們共處的時光。他下定決心將他們的故事傳出去，打破人們心中街友好吃懶做的刻板印象，約書亞開始經營Instagram。他發布街友顧客的「理髮前後對照」的相片，講述他們的故事，並加上#DoSomethingForNothing的標籤。之後，他開始在世界各地的朋友和熟人家裡借住沙發，把他的時間捐贈給美國、歐洲、印度與澳洲等地共十四座城市的街友，透過社群媒體傳播他們的故事。沒過多久，他在Instagram上的知名度就吸引了各家品牌與非政府組織前來合作。

約書亞在Instagram擁有十五萬粉絲，他們爲他分享的故事所動容。當約書亞發動群衆募資來幫助他的朋友們修建臨時住所時，現金大量湧入。#DoSomethingForNothing變成了一個社會運動，約書亞的私訊欄裡塞爆了來自世界各地、自告奮勇願意提供幫助的訊息。約書亞寫道，我們每天所能做的其中一個力量最強大的選擇，就是去意識到自己是如何與周遭的人互動，「相信他們是好人，直到發現他們不是的話再說……打聲招呼會有多難呢？」

事實是，可能**真的**很難。我們大部分時間都迷失在自己的世界中。我們往往不情願去顧及其他人在應付的問題，這些問題只會使我們的生活更複雜，於是我們築起防護罩。這意謂著許多眞正需要我們關注的人感覺從來未曾被看見。給予關注的慷慨，其實就是願意犧牲自己的一點舒適自在，願意降下防護罩，願意捐贈一點時間，願意去冒關懷別人的風險。

這一類型的慷慨對於內向者來說尤其困難。我明白，因爲我就是這樣的人。內心世界是我們的樂園，外界的人際互動則需要付出額外的精力。不過，當我們眞正與他人產生連結，那種感覺是如此特別。此外，比起在聚會上努力找話閒聊的地獄，一對一的深入交談可能容易多了。卽使你是一個內向者，這種類型的關注轉移也會讓你受益良多。

這裡我要加上警告條款。在某些情境下，接觸陌生人可能會產生危險，尤其是對女性而言。我並不是想建議你不顧自身安全。你可以隨時準備好展現你的慷慨，但也隨時要謹慎判斷。

有人批評約書亞的作爲並沒有處理到致使街友無家可歸的潛在系統性問題，這方面又怎麼說？就我個人而言，對於任何願意盡一份力去幫助別人的人，即使是在一個有缺陷的體制之下運作，我依然願意將他們視爲英雄。

沒有人會認爲個人善行應該取代對系統性問題的修正。恰恰相反，他們是在協助鋪好這條路。如果我們不慷慨對待彼此，體制也就沒有機會改善。每一樁慷慨的善行，不論多麼微小，都可以幫助某人踏上一段深具意義的旅程。下面就是另一個例子。

約翰・史維尼（John Sweeney）在愛爾蘭長大。他感覺自己像是隱形人，小時候經常遭到其他孩童的霸凌，連老師都欺負他。「我覺得我是這個世界上最孤單的小孩，我一無所有，舉目無親，」他如此告訴我的研究助理凱特。多年之後，他已長大成人，而某次關鍵性的經驗爲他揭示了對他人投以關注的價值所在。他在科克（Cork）

的街上看到一名無家可歸的年輕女子，他買了一頓熱騰騰的飯給她，並停下來和她聊了一下子。她在貧窮和慢性病的折磨下勉力照顧她的三個孩子，她覺得自己像是隱形人，被世界視若無睹。

「希望妳能知道，雖然我不認識妳，但我關心妳，」約翰告訴她。「妳絕對重要，而且我看得見妳。」他們兩人都為這次相遇流下眼淚。「你停下來關心我，這對我來說就是全世界。」女人告訴他。

約翰將這個故事告訴他的孩子，他們又告訴其他人。而他們的朋友，一個名叫艾薩克（Issac）的小男孩不久之後正好在附近為聖誕節採購，偶然遇見了同一個女人。艾薩克決定給她五十歐元——他全部的聖誕零用錢——讓她為三個小孩買聖誕禮物。那些孩子與他們的母親原本早已完全放棄慶祝聖誕節了。這個故事傳了開來，最後登上全國新聞。

約翰從中了解到，給予陌生人一些關注，即使只是片刻，也是一種散播善意的有力方式，於是他研究出一種能讓大家輕鬆效法的途徑。他以前曾聽說過義大利的

「caff'e sospeso」傳統，也就是待用咖啡（suspended coffee）。這是一個簡單易懂的點子，咖啡館的顧客除了自己的咖啡之外，再額外買一杯待用咖啡——一個事前付清的禮物，任何人都可以取用，例如窮人或無家者。不過取用者也常常會是單純經歷了辛苦一天的人。只需要一個來自陌生人的善意舉動就足以讓他們感覺有人在乎，讓生活變得可以忍受——甚至變得美好。對於贈予者來說，所需要的也只是記住還有其他人會喜歡你正準備享用的美好事物，而且這是你可以輕易送出的一份禮物。

約翰決定將待用咖啡的概念散播到世界各地，視之爲自己的使命。這個點子正逢其時。不到兩年，就有遍布三十四個國家的兩千家咖啡館極力提倡待用咖啡的概念，而該項運動目前在臉書上已擁有五十萬名粉絲。

他每天都會收到來自咖啡館老板與待用咖啡支持者滿懷感激的訊息。一名男子從費城傳了訊息給他：「約翰，你不認識我，但你所傳遞的訊息對我的人生帶來意義重大的影響。」這個男人聽了約翰的演講，深受啟發，他與一位無家可歸的吸毒者結爲朋友，連續兩個月都每天買一杯咖啡給對方。在這段期間，他對這位新朋友的關心日益深厚，於是決定自掏腰包，為朋友付了兩個月的住宿費用與康復療程——條件是「你要振作起來，改變你的人生。」這位前任癮君子確實做到了，後來註冊進入費城大學就讀，這是某一次善舉帶來的漣漪效應，始於許多年前一個遙遠的地方。

美國科羅拉多州丹佛市的慷慨咖啡館（Generous Coffee Shop）更是將這個概念又向前推進一步。當顧客走進咖啡館，眼前迎來的是一面大型布告欄，上面釘滿了數百張手寫的購買點數便條紙：

- 送給：一個新任的單親媽媽，妳可以的。來自：一個單親媽媽（十美元）
- 送給：正在辛苦準備通過律師考試的人。來自：也在準備相同考試的人（五美元）
- 送給：心碎的陌生人。來自：索倫和艾莉（六美元）
- 送給：創業第一年正在苦苦掙扎的人。來自：已經度過這個難關的某人（會愈來愈好的！）（六美元）

來自陌生人的贈予讓免費咖啡和蛋糕的滋味更加甜美：這位陌生人不僅慷慨，同時也理解你正經歷的辛苦、關心你，希望你能度過難關。

你不需要設立一個全球性組織才能執行這種類型的慷慨。你所需要的只是將你的關注轉移到某人與他的故事之上。不論你是停下腳步與某個需要關懷的人交談，或是花上三十分鐘研究你認爲可能很重要的議題，你已踏上你的慷慨之旅了。你已經變得願意給出這份名爲關注的禮物，而如果你能敞開心懷，繼續這趟旅程，它也許會爲你帶來意想不到的結果。

二、搭建溝通橋梁

在我們這個連結時代，有一種慷慨前所未有地重要：願意向與我們發生衝突的人伸出手。今天有許多爭端都是在網路上公開上演，數量龐大的觀衆對戰況的進展目不轉睛。但如果我們能夠讓更多的衝突圓滿解決呢？

向我們的批評者伸出友誼之手是很困難的。這是一種尤其具有挑戰性的慷慨心態，你必須爲了讓人們團結的大局利益而犧牲你個人的舒適自在。但是如果你成功了，就會產生強大的連鎖效益：你正在幫助改變現今的公共討論氣氛。這是一份送給我們所有人的禮物。

迪倫・馬龍（Dylan Marron）早就對網路上的酸民司空見慣。做爲一個自豪的進步思想內容創作者，他爲社群媒體製作了一系列提倡社會正義的影片，題材涵蓋了警察暴力與跨性別人士的衛生間經驗等等。馬龍很快就學到「靠演算法爆紅的公式」就是將世界塗成黑白兩色，再加上大劑量的中傷與嘲諷。然而在觀看數竄升之際，陌生人的攻擊性評論隨之而來：「你就是一坨屎」、「你的存在是浪費空氣」，甚至是死亡威脅。

承受著砲火猛烈的仇恨言論，馬龍卻發想出一套出人意表的因應機制。他私訊給幾個酸民，問他們是否願意與他通電話。他想要向自己證明他們也是有人性的。

馬龍在TED演說中敘述了他首次跟他的攻擊者電話交談的經過。那是個十八歲的美國年輕人名叫喬許，他在網路上罵馬龍是一個智障以及同性戀是一種罪。雖然他們在宗教上沒有共識，但兩人之間仍存在可以拉近距離的共通點，他們都在高中時遭到霸凌，也都愛看《海底總動員二：多莉去哪兒？》（*Finding Dory*）這部電影。

「難道說我們這一通電話突然治癒了這個政治分裂的國家、修好了體制性的不公不義嗎？不，絕對沒有，是吧？」馬龍說道。「但是這一席對話是否讓我們在彼此眼中更像人類、到達大頭貼照和貼文永遠做不到的程度？絕對是這樣。」和喬許的互動讓馬龍深有感觸，於是他創立了名叫《與恨我的人對話》（*Conversations with People Who Hate Me*）Podcast節目。身爲網路上的社會正義鬥士，馬龍了解他已經被困在同溫層裡。他反省道，也許「你所能做的最具顛覆性的壯舉，就是與那些和你意見相左的人實際對話，而不只是對他們說話。」——儘管這會令人感覺毫無防備。

正如馬龍讓我們看見的，很多時候，消除鴻溝的關鍵就是與你的敵人用聲音對話——甚至是面對面的對話。

克雷格・華特斯（Craig Watts）在北卡羅萊納州做了二十二年的契約雞農。他每年在他的工廠化養殖場飼養七十萬隻肉雞，供應給食品業巨擘佩杜農場（Perdue Farms）。二〇一四年，克雷格終於受夠了佩杜農場的不實行銷手段，以及對他這樣農民的剝削。他同時也對雞群明顯飽受折磨一事感到不舒服。於是克雷格踏出大膽的一步，決定去聯絡一位有一千個理由憎惡他的人。莉亞．加爾塞斯（Leah Garces）是個純素主義者與動物權益保護人士，克雷格邀請她來拍攝養殖場的情況：一個會使他的全副生計陷入險境的舉動。

「認識克雷格之前，我對這些農民沒有絲毫同情，」莉亞後來在Podcast節目《改變我的想法》（*Changed My Mind*）中說道。「他所代表的是我一直以來所對抗的一切，直到我認識他的那刻。我竟然會坐在他的客廳裡，埋頭研讀文件，聆聽他的故事，爲他的遭遇所觸動，這對我來說是個巨大的震撼。」

他們聯手製作了一部影片，揭露克雷格的農場裡令人震驚的真實情況。據信，這是首次有工業規模的養雞場同意向攝影人員打開大門。這部影片在二十四小時之內就吸引了一百萬次觀看，並且引來《紐約時報》（*The New York Times*）、《華盛頓郵報》

（*The Washington Post*）、《連線》（*Wired*）雜誌與《Vice》雜誌的爭相報導。此外更啟發了一部紀錄片的製作。莉亞因爲這次合作大受鼓舞。「如果換作是我身在這樣不安的境地，我還能與誰建立夥伴關係？」她心想。

這個想法最終促使她與佩杜農場的執行長，同時也是她紀錄片中的反派角色吉姆・佩杜（Jim Perdue）坐在同一張桌前。她決心找到雙方立場的共同基礎，而她真的做到了。幾年之後，佩杜農場推出了他們有史以來首項動物福祉政策。雖然她因爲與佩杜會面而在社群媒體上遭受批評，但是結果說明了一切。莉亞現在是憫惜動物組織（Mercy for Animal）的領導人，這是全球推動工廠化農場改革最有力的組織之一。

我們的當前時刻比以往更迫切需要這樣的橋接溝通。近幾年，我們的政治與文化歧異被放大到令人憂心的程度，許多人活在一個會持續助長對另一方厭惡的同溫層內。事實上，就社群媒體上最響亮的聲音而言，大家根本不想看到另一邊有任何人受到尊重。

這使得伸出友誼之手異常艱難，也說明了爲什麼這需要一種勇敢的慷慨之舉——

對議題中與你不同邊的人來說是慷慨，對迫切需要對話的公共領域來說也是慷慨。我在這裡引述非營利組織「溝通美國」（BridgeUSA）網站的一句話，「他X的讓我們來談一談吧。」（Let's f*cking talk to each other.）搭橋的行爲本身就可能創造出極具啟發性與令人驚喜的漣漪效應。

希朗・歐康納（Ciaran O'Connor）在曼哈頓長大，雙親都是自由派的記者，他的父親很愛講述他曾因抗議總統理查・尼克森（Richard Nixon）的政策而遭催淚瓦斯攻擊的經歷。成長於紐約市的希朗，一直認爲自己是個支持多元價值、擁有來自不同種族與各個社會經濟階級朋友的人。他擁抱自由主義的價值，曾加入巴拉克・歐巴馬（Barack Obama）的競選團隊，後來又幫希拉蕊・柯林頓（Hillary Clinton）助選。不過，在他開始爲美國兩黨交流組織「更勇敢的天使」（Braver Angels）做事後，他和一個意想不到的人成爲朋友……一名共和黨人。

這位共和黨人名叫約翰・伍德二世（John Wood, Jr），年輕時住在加州卡爾弗城（Culver City）的他當時也是個自由派人士。但是之後他的人生改變了，與一位軍人結婚，搬到一個軍事市鎮居住，經歷了宗教信仰的轉變，並在閱讀了艾茵・蘭德（Ayn Rand）的小說《阿特拉斯聳聳肩》（*Atlas Shrugged*）後徹底改變了他的思想，成爲洛杉磯郡共和黨副主席。不過，和希朗一樣，他相信尋求共同基礎對國家未來至爲重要，因此也加入了更勇敢的天使。

「即使人與人的意見不同，我們也能在彼此的故事中看到自己，」希朗告訴我的助理凱特。「這些故事對每個人來說都是獨一無二的，卻也會浮現出共同的感情與價值。」對希朗來說，約翰是「善良又聰明、自信但謙遜。」在約翰眼中，希朗「關心每一個人，不論他們的政治立場爲何。他所做的每一件事都是希望這個國家能夠更好。」兩人現在常一起走訪各間大學，講述他們的友誼是如何彌合他們之間的政治分歧，並且演唱音樂劇《漢密爾頓》（*Hamilton*）的二重唱。

我不是說你應該永遠假設別人意圖爲善。在某些情況下，我們有心存警惕的充分理由。但是我們也不應該直接假設他人是惡意的，反之，我們應該先去聆聽、去了解。有一句話我母親說了大概有上千遍，這是我希望能植入所有社群媒體平台的話：

「知道一個人的故事之前，不要妄加評斷。」

這就是橋接的關鍵。把每一個人都想成是擁有獨特故事的人類同伴，準備好眞正去傾聽那些我們直覺反對的人。

而這並不代表所有事都必須走向令人挫折的妥協。更勇敢的天使就表明該組織的主旨不是追求「模糊的中間地帶」，他們的組織宣言是鼓勵人們擁抱以下的原則：「我們要自由、充分、無所畏懼地表達我們的觀點」與「我們要以誠懇尊重的態度對待反對我們的人。」

像這樣的基本尊重能夠改變一切。

台灣的一項計畫就讓我們看見了大規模橋接溝通的可能性。台灣數位發展部長唐鳳協助推出了一項稱作 vTaiwan 的計畫，以凝聚共識而非創造分歧爲目標，提供一個網路上的公民討論空間。Polis 是個用圖表展現衆人意見之關係性的平台，vTaiwan 以這個平台爲基礎，目前已經在多項議題上扮演了橋接角色。例如是否應該對優步進行規範的激烈辯論中，vTaiwan 發現大家同感關切的是安全問題，這一發現指引了明確方向，有助於制定讓各方都滿意的精簡法規。

網際網路上的每一個人都有能力扮演重要的橋接角色。就算只是對一則惡意留言給予友善的回覆，也可能影響其他人如何回應的決定。你的一則橋接性質的留言或許不會馬上在網路上爆紅、發展成Podcast節目或是登上《紐約時報》，但是用一種可能鼓舞其他人扮演橋接者的方式行事，就算只是一人，也可能掀起你未曾想像過的波瀾。要建立這個世界所需的公共空間，我相信這種形式的慷慨正是關鍵所在。

三、分享知識

正如一句老話，授人以魚不如授人以漁。人類幾個世紀以來所習得的知識是無價之寶。這樣的知識可以從一個頭腦自由轉移到另一個頭腦，此乃我們人類物種獨有的超能力。在無數的情況下，我們所收到最貴重的禮物都是知識——解決問題的知識、滿足需求的知識，或開創未來的知識。

教師將他們的一生獻給這種具有感染力的慷慨。但是我們正處於一個任何人都能成爲老師的時代，YouTube與TikTok（抖音海外版）爲知識轉移創造了廣闊的新平台。

二〇〇四年，一位名叫薩爾・可汗（Sal Khan）的對沖基金分析師開始教他的表妹納迪亞數學，因爲納迪亞當時對單位換算很頭痛。隨著納迪亞數學成績突飛猛進，薩爾的名聲傳遍家族，許多親戚紛紛要求他來爲他們的子女輔導功課。不到幾年時間，安排教課時間表就成爲一個傷腦筋的問題，好在當時剛出現一項新工具，叫作YouTube。薩爾開始把他的教課內容錄製成影片，放在YouTube上供他的親戚小孩們隨時收看。他發現一件令人訝異的事，孩子們其實**更喜歡**這樣的影片課程，因爲他們可以按照自己的步調學習，需要時可以倒帶。此外，影片就放在那裡隨時供他們參考。愈來愈多的人開始觀看影片，不久之後薩爾就辭去工作，專心拓展他的可汗學院（Khan Academy），一個對全世界所有人開放的免費線上教育機構。自那時起，該學院的課程觀看次數已經超過了二十億次。故事還沒結束。二〇二三年，可汗學院成爲最早一批採用人工智慧（AI）的機構。在薩爾預見的未來中，孩子們可以擁有專屬的

ＡＩ家教老師，能夠在學習的各個層面上提供個性化的指導。

當你將分享知識視爲慷慨的一種體現，這種分享會變得更有影響力。我們給予登上ＴＥＤ演講台的人最重要的建議是，不要把這場演講當作推銷某種東西（生意或公益事業）的機會，而是一個**禮物**。這是一個與聽衆自由分享理念的機會，而這些理念有可能改變某位聽衆的一生。當講者抱持這樣的態度開口，聽衆也更有可能接受他的理念，仔細傾聽他的每一句話。

分享知識的一個美好之處在於，即使你將它給了出去，你自己依然擁有這項知識。正如湯瑪斯．傑弗遜（Thomas Jefferson）的形容，「他借用我的蠟燭點燃他的，並不會使我的蠟燭熄滅。」儘管贈予者失去了這項知識的獨家使用權——加上還需要花時間與精力去分享，不過受贈者所獲得的相對益處卻可能遠超過這些犧牲。而知識一旦被接收，就可以輕易地繼續傳遞下去，從而產生美妙的連鎖反應，帶來不可限量的影響。

如果你手中握有其他人也能從中受益的知識，不妨思考該如何分享它並創造出漣漪效應。或許，你只需要數小時來準備和實踐，就能夠點亮某人的生命——而這只是剛開始而已。正如民權領袖艾拉·貝克（Ella Baker）所言，「給予光亮，人們就能找到前方的路。」

四、啟動連結的力量

在我們這個相互連結的時代，人際網絡遠比以往任何時候都更加重要。因此，富有感染力的慷慨最重要的形式之一就是幫助人與人之間產生連結。

要讓連結發生，最簡單的方法就是介紹人彼此認識。這種類型的慷慨常常被我們忽視。然而正如心理學家與TED演講人亞當·格蘭特（Adam Grant）所主張的，給出這樣東西只是舉手之勞，對收到的人來說卻價值連城。介紹人與人認識可以只需要幾分鐘的時間，但是如果實施得當，就足以改變一個人的人生。如果你問大家是如何認識他的伴侶、如何找到夢想中的工作，或如何為他們的原創專案計畫找到完美的合作夥伴，得到的答案大都是同一個。某人——一個朋友、鄰居、同事——介紹他們認識了那個對的人。你所做的實際上就是讓某人能夠使用你的人際資源網絡，而這樣引薦的舉動可能會產生指數級的影響。

伊莉莎白．鄧恩在她的TED演說中談到了她與她的朋友對一個來到溫哥華的敘利亞難民家庭的歡迎之舉，以及她從中感受到的喜悅。當然，其中有一些是實質的禮物，例如協助安置住所、提供日常用品與衣物等。但在幾年之後，這家人強調能融入一個社群，以及這對他們日常生活的影響，就跟物質的幫助同等重要。他們告訴凱特，那讓他們感覺成爲了某個大家庭的一份子。

瓦卡茲．阿里（Waqas Ali）與西德拉．卡西姆（Sidra Qasim）成長於巴基斯坦的鄉間，兩人夢想著能夠在這廣大世界中做出一些有意義的事情。他們的村莊以製鞋聞名，於是他們試著運用當地製鞋師父的技術開創一家企業。但這條路卻是困難重重。後來一名來自德國的訪客烏爾里克．萊因哈德（Ulrike Reinhard）參觀了他們的工房，而她的一個慷慨之舉帶來了翻天覆地的變化。她將他們**連結**到她的朋友圈和人脈之中，而這使他們有機會受邀到美國參訪，也幫助他們拿到必要的簽證。

「西德拉和我從來沒搭過飛機，我們也不知道旅館跟住宿的費用會這麼貴，」瓦卡茲告訴我。但是另一組人際連結解決了這些問題。瓦卡茲獲得 Acumen 的贊助，這是一個透過協助創業來打擊貧窮問題的全球性非營利組織。該組織在舊金山的人際網絡爲他們提供免費住宿、介紹新的人脈，其中包括他們的第一位投資人。「這趟旅程改變了我們的一生。」

兩人回到巴基斯坦，爲他們的首款革命性鞋款設計發起一項 Kickstarter 的群眾募資活動。他們需要至少一萬五千美元的種子基金。我對接下來發生的事情擁有內幕的視角。我的伴侶賈桂琳（Jacqueline）是 Acumen 的領導人，她向她的關係網絡尋求協助，而行銷大師賽斯．高汀（Seth Godin）正好也在這個網絡裡面，高汀在部落格上介紹了這個募資活動。瓦卡茲與西德拉的計畫超額達標，總共募集到十萬美元，是當時巴基斯坦最高金額的 Kickstarter 計畫。

自此之後，瓦卡茲與西德拉簡直勢不可當，他們移居美國，在布魯克林成立一家快速成長的鞋公司 Atoms，至今已吸引了超過二十萬名顧客。訂單如雪片般飛來，但兩人決心要延續當初幫助他們邁出第一步的慷慨精神，資助了一系列巴基斯坦的創業計畫。在新冠肺炎肆虐時期，他們開發與捐贈了四十萬個設計精美的口罩給當地社區。近期他們則針對新興創意人才推出了一項叫作「引見」（Introducing）的計畫，他們會找出有才華的新人，成爲新人的首位客戶，教導商業技能，並且引見至他們快速擴張中的人際網絡。

「在我們的創業旅程中，不管任何時候總有人用各種方式給予我們慷慨的協助，」瓦卡茲說道。「因此，對我們而言，將這樣的精神傳遞下去是再自然不過了。當然，這需要額外的心力，但我們樂在其中。」

這個故事的亮點是每個人都從中獲益。那些幫助瓦卡茲與西德拉的人自他們身上獲得振奮人心的活力。一路上的每個慷慨之舉都創造出了意義重大的漣漪效應，至今仍在持續擴散。

將別人拉進我們的關係網絡最困難的一點，是我們總擔心會爲朋友帶來負擔、造成他們的麻煩。因此對介紹的進行方式的確應該考慮周全。比如說，我們不應該只是給出朋友的電子郵件就不管了。我們可以花點時間寫封信給朋友，解釋你想介紹這個人的原因，並徵得他們的同意。在許多情況下，一個特別的新人加入可以讓關係網絡中的每個人都獲益。

有的時候，我們創造的人際連結可以達到全新的規模。當年，奈及利亞的生物學學生愛達・紐杜卡・奧揚（Ada Nduka Oyom）申請擔任奈及利亞大學谷歌開發者社群（Google Developers Group）的領導人，但她連一台筆記型電腦都沒有，只有一部動不動就當掉的老舊手機。同時，在開發者社群中，幾乎沒有其他女性也想在科技業尋求發展。

二〇一六年的一場全球性程式設計師活動中，非洲女性開發者的不受重視令愛達備感挫折。「我覺得這是一種不公平的現象，」她說道。「因爲我看到那裡的許多女性都有相當不錯的成就……」她決定爲此做點什麼，於是在二〇一六年成立了非營利組織ＳＣＡ（She Code Africa）。成立之初，她的目標是要廣爲傳播「那些正在做厲害之事的非洲女性軟體工程師」的故事。她開始訪問那些從事軟體開發的女性朋友並放上臉書。這些故事引起熱烈討論，接著愛達又拓展到Medium與其他的平台管道。又後來，她成爲了受訪者與希望延攬她們的人之間的橋梁，她的組織也開始做更多的事，例如舉辦培訓營和其他種類的聚會。

到了二〇二三年，SCA已經在非洲十五國擁有超過一萬名會員，成爲一個蓬勃發展的社群，蘊含其中的連結力量可說是有目共睹。

慷慨的連結者爲世界帶來的影響值得一再強調。以我來說，一九九三年時我正考慮到美國尋找發展機會，我在一場出版研討會上認識了珊妮·貝茨（Sunny Bates），她將人們連結在一起的本領是我見過最高明的。有了她的幫助，在美國開創出版事業的過程對我來說實在變得容易太多。在幾年之後堅持要我來參觀TED大會的也是她。只要你曾看過任何一場TED演講，那場演講背後的歷史因緣就有珊妮·貝茨的身影。

人與人之間的介紹、連結、召集，這就是我們的社交網絡擴大與深化的方式。我們的網絡愈豐富多彩，也就愈有可能透過分享理念、資源與靈感而創造影響深遠的漣漪效應。

五、熱情款待

在童年時，我有幸在還未被戰火摧殘的阿富汗住過幾年。我們一家得以四處旅遊，探索這個美得令人屏息的國家。但是比雄偉的巴米揚山谷（Bamiyan Valley）或班達米爾（Band-e Amir）的湛藍湖泊更加令我難忘的，是阿富汗人對我們無與倫比的熱情款待。素昧平生的人會邀請我們到簡樸的家中作客，和他們一起享用甜茶。他們從未要求任何回報，這一切單純是人與人的交流。更令我感到驚奇的是，儘管只是小小一杯甜茶的款待，多年之後我依然記憶猶新。那杯甜茶依然是我心目中的阿富汗。即使看了幾十年阿富汗的暴力新聞，我內心的聲音依然堅持：「阿富汗人是世界上最慷慨的人。」

其實不只是我。在九一一事件之後，當時剛嶄露頭角的英國外交官羅利．史都華（Rory Stewart）花了二十個月的時間徒步穿越伊拉克與阿富汗，一路上都借住在他所遇到的人家中。他後來寫道，這趟旅程最刻骨銘心的一課就是陌生人的善意。的確，他能活下來都是多虧了這份善意。

我的阿富汗經驗讓我不禁在想，熱情好客程度是否對應到旅人所面臨的危險程度：地形條件愈具挑戰性，當地人也愈熱忱好客。至少可確定在橫亙中東的沙漠與高山地區，熱忱好客是深植當地人民心中的價值觀，同時也是伊斯蘭教的核心價值之一。

在世界各地，人們展現好客之情的方式互不相同，但是大都視其爲一種責任與一種喜悅。在二〇一六年，丹麥文化中的「hygge」概念成爲全球現象。這個詞代表的是一種舒適、溫暖與美滿的感覺。最能表達這種概念的畫面就是一群親朋好友或左鄰右舍圍聚溫暖的火光之前，悠然自得，享受彼此的陪伴。hygge觀念的提倡者視其爲人生中一種最深刻又單純的喜樂。在今天，不僅限於丹麥人，這成爲一種我們所有人都能理解和享受其中的好客之道。

根據人類學家唐納德·布朗（Donald Brown）在其鉅著《普世人性（暫譯）》（*Human Universals*）中的紀錄，所有曾經被研究過的文化中有數百種普遍存在的人類行爲，熱情好客是其中之一。但是既然熱情好客的現象如此普遍——又如此充滿樂趣

——眞的算是慷慨的一種形式嗎？沒錯，是的。先不考慮其中的各種成本，我們邀請別人前來做客也需要一番努力，不論對方是朋友或可能成爲朋友的人。自己在家繼續看你最近很愛的電視劇輕鬆多了。事實上，我擔心占用我們時間和注意力的事物愈來愈多，有時會排擠掉我們展現好客精神的那種渴望。甚至早在十年前，蓋伊・特雷貝（Guy Trebay）就在《紐約時報》上寫過，由於馬不停蹄的行程表和無所不在的手提裝置，傳統晚餐聚會的存續受到了嚴重威脅。這眞是太遺憾了。好客是我們表現出慷慨與人情味的重要管道。如果失去好客的精神，我們的生活會變得更苦悶、更狹窄。

那麼，熱情好客的精神又能爲有感染力的慷慨帶來什麼幫助呢？這一次你就不需要網際網路了。好客之情會觸動我們希望與人連結的深層本能，而每一次體驗都會喚起我們想有所回報的慾望：謝謝你帶來如此美好的夜晚，下次該我們了。

不過還有一些方式能讓聚會別具意義。我們聚會時的話題往往圍繞在最近令人火大的政治事件，或關於居家瑣事的閒聊。這沒有不好。但是如果你能在某個時刻把話題由發表評論或開玩笑轉移至更深刻的內心連結，這場歡聚就會提升至另一個新的層次。賈桂琳與我很愛舉辦以單一話題爲主軸的晚餐聚會——也就是所謂的傑弗遜式晚宴（Jeffersonian Dinners）或全桌晚宴（Whole Table Dinners）。

關於如何順利主持這類聚會，有許多資源可以參考——包括傑弗瑞．沃克（Jeffrey Walker）的一場TED演講。對我們來說，關鍵在於鼓勵人們敞開心胸，讓話題從發表評論轉移到表達感受。下列是可以讓十幾個人暢談一整晚的問題範例：

- 你最近看到了什麼讓你滿懷希望的事物？
- 有什麼是你目前感到憂心，卻很少人放在心上的事？你認爲我們應該如何應對這件事？
- 是否有某件事物或某個人讓你心懷感激，而且我們很難猜想到的？
- 你有什麼樣的理想：對自己、對你的家庭、對這個社區、對整個世界？
- 是否有某樣事物，你一直都盼望它能獲得更多的支持與協助？

這樣的一個晚上能夠讓我們深入交流，也能帶來新的人際關係與新計畫。沒錯，你也可以在工作場所召開會議，將這些問題列入議程。不過當你們是聚集在某人家裡，共享一頓餐點，這種感覺完全不同。這是透過人類的古老儀式將我們緊緊相繫，讓我們想要互相支持。

對了，這樣的晚宴甚至可能帶來令人驚喜的漣漪效應。舉例來說，詹姆斯·麥迪遜（James Madison）接受湯瑪斯·傑弗遜所提議的單一主題談話模式，在一七八七年舉辦了一系列與各州代表會談的晚宴。這幾頓晚餐提供了許多寶貴的見解——與人際連結——從而促成了美國憲法的起草。

若想進一步了解如何舉辦一場令人難忘、又能夠造成漣漪效應的聚會，可以參考普莉亞·帕克（Priya Parker）那場見解深刻的TED演講。不過要知道，就算你只是單純邀請客人到家裡來喝杯茶，你的這個慷慨之舉也可能在他們記憶中縈繞多年、久久不忘。

六、創造迷人的事物

這最終帶領我們來到有感染力的慷慨的另一種形式，這種形式對於各式各樣的藝術家——音樂家、畫家、攝影師、藝人、作家——以及任何靈魂裡充滿創造力的人來說尤其強大無比。

開創性藝術家葉蕾蕾（Lily Yeh）可以說平步青雲。她擁有一份聲譽卓著的藝術教授職業，她的作品在知名的畫廊展出。她的家庭生活也很美滿，有一個尚且年幼的兒子。但是她總覺得缺少了什麼，「我感覺內心有一個空洞。」她在康乃爾大學的TEDx活動中如此告訴觀眾。

但不久之後葉蕾蕾就碰上了改變她一生的遭遇。舞者暨編舞家亞瑟·霍爾（Arthur L. Hall）邀請她主持一項社區藝術計畫，地點是她所居住的費城的一塊荒廢空地。

「我對這個點子很感興趣，但也怕死了，」葉蕾蕾回憶。「我的資源有限，而且我也沒有戶外創作或跟社區有關的經驗。我很想逃跑，但是我又不想在鏡子裡看到懦弱的自己，所以我硬著頭皮投入這個計畫。」

這項社區藝術計畫就是後來的「怡樂村」（Village of Arts and Humanities），一座藝術公園，裡面滿是樹木、雕塑以及葉蕾蕾與當地大小朋友合力完成的馬賽克鑲嵌作品。「和小朋友合作讓我們贏得了大人的信任。我們一路出了不少錯，但等我們把它做對之後，我們就找到了自己的聲音。這是一種眞實而鮮活的聲音。」這座藝術公園實在太迷人，滿載乘客前來參觀的遊覽車絡繹不絕。

社區藝術成了葉蕾蕾的生命重心。她效力於那些受困於貧窮、壓迫與環境汙染的人們，透過共同創造的公共藝術爲他們身處的環境帶來美麗。這也促成她與肯亞畫廊的總監伊利米與菲拉達・南津夫婦（Elimo and Philda Njau）的合作，在柯羅哥丘（Korogocho）進行社區藝術創作，這裡是位於奈洛比（Nairobi）郊區的貧民窟，緊鄰著一座龐大的垃圾場。「我們明亮的色彩開始進駐之後，整座社區的心情也產生變化，」葉蕾蕾說道。「當我們大膽地把新雕好的天使雕像置於廢棄的採石場頂端庇佑這座社區，當地的人們精神爲之振奮。」而他們的夥伴關係維持了超過十年。

葉蕾蕾的工作使她深切意識到：在公共空間創造美的事物，能爲社區帶來深入心底的療癒和轉變。就像是營火，「帶來亮光、溫暖、希望，彷彿在向所有人招手。」

葉蕾蕾的整個事業是一個生動的典範，讓我們看見迷人事物能如何體現有感染力的慷慨。的確，我們需要金錢、食物、棲身之所與醫療保健，但是我們也渴望美、驚奇、笑聲與超脫的體驗——這些都是迷人事物所能帶來的東西。那些能夠創造迷人事物的人有能力給予這世界價值連城的禮物。葉蕾蕾大可以選擇傳統的藝術名聲與財富，然而她選擇將一生奉獻給另一個志業：爲備受壓迫的社區帶來美麗。她一次又一次目睹這項行動的影響力。「將我們這個時代的殘暴能量轉化爲一種仁慈的文化，並非做不到的事。」

世界各地都有這種美好的慷慨事例。在二〇二〇年的時候，英國格洛斯特（Gloucester）的聖馬可街（St. Mark Street）還是一條灰色排屋相連而成的街道。在抑鬱氣氛籠罩的新冠疫情初期，當地一位藝術家塔許・弗路庫（Tash Frootko）自願投入她自己的時間，提出一項大改造的計畫，她協調了整條街的居民將房子漆成繽紛的顏色：從綠松色、檸檬黃到翡翠綠。聖馬可街的住戶與房東都很喜歡這計畫，於是街道煥然一新。隨著消息傳開，塔許也將三條毗鄰的街道納入計畫之中，創造出格洛斯特的「彩虹廣場」。

還有許多其他藝術家也找到各種方法用美麗的創作來改造被忽視的空間，使社區內外的人們都爲之著迷。例如在法國里昂（Lyon），有個人稱 Ememem 的藝術家默默地工作，以複雜精細、閃爍發光的馬賽克拼貼塡補了上百個路面坑洞、牆壁裂縫，和其他「城市肌理的傷口」。對許多人來說，這番成果比過去嶄新完美的狀態更加迷人。Ememem 自陳他的動機是「修補街道與行走於街道上之人的心。」

總部位於紐約的非政府組織「爲希望而唱」（Sing for Hope）放置了數百架經過藝術家裝飾的鋼琴在紐約及世界各地的公園、街角和地鐵站，任何人都可以過去演奏。匆忙的紐約客也許會被街頭一架五彩斑爛的美麗樂器吸引而駐足。「只要有人坐下來彈奏，大家就會停下腳步、聚集在周圍……」一個路人說，「這一刻你能感受到社區的凝聚力。」

新冠疫情期間對許多音樂家來說是段非常難捱的日子。由於深知音樂擁有撫慰與凝聚人心的力量，全球各地很多不論是業餘還是職業的音樂家都會貢獻他們的時間與技能來安撫那些隔絕於世、孤單寂寞的人。佛羅倫斯因疫情肆虐而封城，當地一位歌劇男高音馬里齊奧・馬契尼（Maurizio Marchini）在住所的陽台上爲這座城市高唱小夜曲。他的表演在推特上獲得四百五十萬次的觀賞。與此同時，在英國的路易斯罕（Lewisham），薩克斯風樂手蔻洛依・愛德華茲—伍德（Chloe Edwards-Wood）與一個名爲「唱首歌」（Give a Song）的樂團一起走街串巷，進行保持社交距離的表演，讓那些無助的居家隔離民眾透過他們的窗戶欣賞。其中巴布・馬利（Bob Marley）的〈三隻小鳥〉（Three Little Birds）和瑪莎與萬德拉斯合唱團（Martha and the Vandellas）的〈街頭起舞〉（Dancing in the Street）兩首歌的翻唱尤其受歡迎，讓人們不禁落下眼淚。

還有些人本身不是音樂家，卻也靠著散播音樂的迷人力量來影響世界。例如在巴基斯坦的南瓦濟里斯坦（South Waziristan），音樂一直都是用來連結彼此與化解爭端的途徑。傳統的阿坦（Attan）民族舞蹈就是植基於團結和凝聚人心的概念。然而在二

○○五年，巴基斯坦塔利班（Taliban）占領了這個地區，也禁止了音樂演奏。「而那種文化漸漸消逝，多爾鼓也從此沉默，」瓦濟里斯坦的歌手馬克蘇・拉赫曼（Maqsood Rehamn）如此告訴半島電視台（Al Jazeera）。二〇一六年後，塔利班政權已經離去，但在保守派的勢力下，音樂演出與文化的維持仍是一個難題。就在這時，二十二歲的手機店老板瓦希德・納丹（Waheed Nadan）挺身而出。他將瓦濟里斯坦音樂家的作品傳上臉書與YouTube，用這個簡單的方式幫助他們與聽眾產生連結。「阿曼行動電話區（Aman Mobile Zone，瓦希德的店名）爲南瓦濟里斯坦的音樂家做出了巨大貢獻，」瓦濟里斯坦的一名歌手告訴半島電視台。「我會說，我們爲了南瓦濟里斯坦而歌唱，但他才是將這些歌曲帶給人們的人。」

去關心、去搭橋、去教導、去連結、去給予款待、去創造美麗。這些無關金錢的贈予個個都蘊含著潛力，能將單一的善意行動轉化爲美妙的連鎖反應。你所能提供的時間精力也許有限，但是富有感染力的慷慨只需要瞬間的引燃。當那個時刻到來，你準備好手上的火柴了嗎？

CHAPTER 7

感染力的催化劑——把慷慨從隱形變成大流行

一項慷慨行爲是帶來小小的影響，或能引發漣漪並擴散到全世界，其中差別究竟是什麼？這個問題的答案關乎一切！要使慷慨能夠帶來指數級的影響力，第一個難題是如何引起注意。人在心理上有個根深蒂固的缺陷，就是我們的注意力存在著偏誤。注意力會鎖定過去曾對我們生存造成威脅的事物，這包括各種各樣的威脅。可疑的行爲；可能會傷害我們與我們家人的任何事物。

同時，在人的眼中，好人好事固然可愛，但是……你懂的……那可以等下再說。

我來自媒體界，而我在整個職業生涯中可以看見這個產業所面臨的困境。重大議題往往複雜且令人望而生畏。一篇關於政府推動大學創新政策的頭版故事，銷量永遠會輸給那份標題鼓譟著〈移民大舉入侵！〉的八卦小報。社群媒體演算法的操作遵循著媒體大亨魯伯．梅鐸（Rupert Murdoch）等小報業主所開創的基本原則：大力推播那些發表激進言論、並將異己者描繪成極端危險人物的人，藉此來吸引公眾的目光。

威脅、暴行與憎惡都很吸睛。可嘆的是，嚴謹與善良卻很無聊。該怎麼辦？

那麼，我們就把好人好事變成無聊的相反如何？讓我們的慷慨使人起雞皮疙瘩，令大家感動莫名，願意分享這些故事並群起效法。

要怎樣才能做到？這沒有明確的法則。凡是出自人類善良天性的獨特且真誠的行為，都具有引人入勝的潛能。那我們要如何善加利用我們的慷慨來製造漣漪效應呢？

即使只是在方法上進行微小的調整都可能改變一切。舉例來說，有一項慷慨的善行讓某些人受到感動，決定將其傳播給其他人。如果每十個聽說這件事的人平均傳播給九個人，這則新聞就會逐漸消聲匿跡。但是如果這樁善行的感染力能再高上那麼一點點，讓那十個人平均會傳播給另外十一人，這個消息就會瘋傳起來。一隻蝴蝶在地球的一端拍打牠的仁慈之翅，就可能在地球另一端引發仁慈的颶風。

以下有五種實作方法，能夠幫助你將你的行動由單純的善意轉變為有感染力的慷慨之舉。

一、解鎖真情感

在網際網路上呈現病毒式傳播的內容有太多是由憤怒與恐懼所驅動。不過任何一種強烈的情感都具有傳播力。我們何不為驚喜、興奮、奇蹟、好奇心、同情心與鼓舞人心的人事物打開這扇門？有許多具有感染力的美妙慷慨故事，其實就只是因為其中的善良人性深深打動了人心。

又名野獸先生（MrBeast）的吉米．唐納森（Jimmy Donaldson）就深諳這門藝術。

他的YouTube頻道有很大部分貢獻給各種慷慨之舉，且擁有超過一億八千萬名的訂閱者，使他成爲YouTube上影響力最大的人物之一。他是怎麼做到的？其實是來自經年累月的練習。早在青少年時期，他就與朋友一起花費大把時間研究網路瘋傳影片的各種層面，包括剪輯風格、旁白的遣詞用句，以及封面縮圖的選擇。但他們最重要的心得是：激發情感。

吉米利用此一心得發明了一套新公式：奢華鋪張、令人瞠目結舌的慷慨舉動，通常針對隨機的陌生人。在實境拍攝的影片中，野獸先生的訂閱者可以看到那些人聽見自己即將獲得什麼樣的禮物時目瞪口呆的表情。那個禮物可能是免費的汽車、免費的房子、一張十萬美元的支票——甚至一座私人小島。他有一部影片〈一千個盲人首見光明的一刻〉（1000 Blind People See for the First Time），觀眾得以見證在他的慷慨幫助下，原本目盲的人接受白內障手術後首次睜開雙眼的那令人振奮的一刻。他們首次見到心愛之人時所表現出的驚奇與喜悅令觀者動容。

但是，這樣的成功也引來批評之聲。有些看過千位盲人重見光明影片的觀眾對於該影片並沒有眞正觸及公共保健服務不平等的問題感到憤怒。有人甚至指控野獸先生利用對方的苦難來自我宣傳。

我確實相信思慮不周的慈善行爲有越界的可能。近年網路上出現大量所謂的善行影片，內容是在攝影機拍攝中的情況下，某人突擊式地做出看似慷慨的舉動。例如在二〇二二年，澳洲有一名女士瑪薏（Maree）在街頭接到陌生人送給她的一束鮮花，在鏡頭下彷彿泫然欲泣，接著陌生人就離開了。這段影片在TikTok上獲得六千萬次以上的觀看，但是瑪薏事後表示她的感覺是被這個事件冒犯了。「他打擾了我的平靜時光、擅自拍攝，然後沒有經過我的允許就傳到網路上，營造成與實情不符的模樣，而且我猜他靠這個賺了不少錢。」她向當地一家廣播電台這樣說。

情感是強而有力，而且顯然可能被不當利用。不過在野獸先生的例子中，我不認爲那些批評站得住腳，幾個主要原因如下：

一、他自YouTube賺得的錢全都再次投入更多的善行，他曾經承諾會把所賺得的錢都捐贈出去。

二、與上面的例子形成對比，他的敘事方式顯示出對受贈者的尊重。

三、他成就的好事是眞實的。例如一千名盲人重見光明是一件毫無疑問的好事。雖然通過眞正的系統性改變能取得更大的成果是事實，例如印度的亞拉文眼科醫院（Aravind Eye Hospital）等組織找到了方法大幅提高白內障手術的施行規模，免費爲數百萬的病患醫治。但是藉由讓大眾意識到一項低成本的小手術可以改變某人的一生，野獸先生的影片可能眞的有助於催化這項體系上的變革。況且一項慷慨善行有做得更好的進步空間，並不能成爲抹煞其成果的理由。

四、最重要的是，從頻道所獲得的迴響來看，可知野獸先生的的確確激勵了數百萬人增加慷慨在他們生活中的分量。他是否同時也想方設法來娛樂觀眾、激發觀眾的情感，以擴張他的訂閱數？百分之百有。不過這是值得欽佩的，他淋漓盡致地展現了慷慨可以如何變得具有感染力。如果他這趟旅程的下一步是幫助引導這份慷慨走向更爲深思熟慮的目標，那更是一大進步。正如他在喬．羅根（Joe Rogan）的 Podcast 節目中說的：「我喜歡幫助別人！我覺得很有意思……我有這種能力能帶動瘋傳和吸引流量，我想要搞清楚能如何加以利用——簡單來說，就是用它當基礎去建立一個慈善事業。」

將訴諸情感的內容善加運用的例子比比皆是。由記者經營的 Instagram 帳號「好消息傳千里運動」（Good News Movement）用感人至深的人類善行讓五百萬粉絲如沐春風。有張照片是二〇二三年土耳其敘利亞大地震時一個敘利亞女孩保護她弟弟的畫面，這則貼文引導人們捐錢給兒童緊急救護基金（Save the Children Emergency Fund）來幫助倖存的孩童，在二十四小時內獲得近三十萬次點讚。還有一些影片的主角是日常生活中的男女英雄，例如一名空服員握住惶恐不安的乘客的手，或是一個小女孩決心幫助家鄉的野生動物。這些小小的慷慨之舉可以迅速傳播到全球讀者的眼前，眞是美好。能讓我們改變對人類同胞看法的就是像這樣的故事。

當然，慷慨絕非**只是**情感的宣洩而已。如我們先前討論過的，這會把我們帶往錯誤的方向。我們需要運用反思性思維的智慧來展開努力。但若是缺乏某種形式的情感火力，慷慨的行動就永遠得不到應有的關注。

二、發揮瘋狂的創造力

習以爲常的行動會被喧囂淹沒。當某樣東西是想像力與才情的產物，人們就很難不注意到。

日本有一群好友對東京街頭的垃圾忍無可忍，但是他們不是直接出去打掃，而是決定採用一種能夠引人注目的方式來進行。他們打扮成武士，利用他們的表演技巧以戲劇性十足又氣派的姿態來撿拾垃圾，用劍刺穿寶特瓶、翻轉夾子把垃圾放入背上的籃子裡。不難想像，他們的行動影片在YouTube與TikTok上受到上百萬人觀看，並且吸引許多人加入他們的「撿垃圾武士」（Gomi Hiroi Samurai）團體，在日本各城市群起效仿。正是創意的力量將撿拾垃圾這種平凡乏味的工作變得很酷。

巴西的街頭藝術家、行動家暨TED夥伴蒙達諾（Mundano）對於這種方法也相當熟練。蒙達諾在聖保羅街頭進行噴漆塗鴉時，注意到了他所謂的「隱形超級英雄」。這些人是在社會邊緣辛苦維持生計的拾荒者，他們推拉著板車穿梭街頭巷尾，收集整個巴西的可回收廢棄物。他們用這些東西換來的只有微薄報酬，但付出的勞力負責了全巴西百分之九十的回收工作。

這些拾荒者為社會提供的重要服務讓蒙達諾認為理應向他們致敬，於是他的藝術技能派上用場了。他開始幫拾荒者的板車做裝飾，繪以鮮豔的圖案、搶眼的設計與大膽的標語——我回收我驕傲！我的車子不汙染！短短幾年時間，他已經為多座城市共二百輛板車添加了色彩。

蒙達諾明白自己是在做一件有意義的事情，於是決定擴大他的行動規模。他發起一項群眾募資計畫，名為「給我的板車好看」（Pimp My Carroca），主旨是向全球二千萬名拾荒者致敬與給予支持。在一千名捐助人的資金與八百名志工的幫助下，「給我的板車好看」運動在巴西三座城市展開。拾荒者也獲得多項保健服務——包括按摩、牙醫與髮型設計——與保護裝置。他們的板車被安裝上喇叭與照後鏡，最後，當然不會少了精美的裝飾與噴塗色彩。

不消多久，「給我的板車好看」運動就擴散到其他國家。「透過藝術與幽默，這項運動的魅力大增，」蒙達諾告訴我們。「（拾荒者）在街頭、社群媒體、大眾媒體上大出風頭……他們得以克服偏見與歧視、增加收入，以及強化與社會的互動。」

創造力通常指以吸引人的方式將事物重新組合。也難怪家中最年幼的孩子往往也是最有創造力的，他們必須這樣來博取注意。至於說到銷售產品或創造娛樂，我們都知道最有創意的人通常就是最成功的。

即使是政治領導人也可以透過一點點創造力的運用而變得大受歡迎。

一九九五年，安塔納斯．莫茨庫斯（Antanas Mockus）當選波哥大（Bogota）市長。那是一段艱困的時期，凶殺率與交通事故死亡率居高不下，水利與衛生公共服務陷入癱瘓，官僚腐敗大行其道。

安塔納斯大可以在軍事化警力的支持下實施嚴刑峻法，然而這位藝術家之子選擇了不同的方法。他帶領波哥大進行了一次大膽的社會實驗，利用各種有創意的花招來鼓勵市民採取有利社會的行爲。爲了降低交通事故死亡率，安塔納斯雇用了一支四百名默劇演員的團隊來取笑交通違規者。遵紀守法的計程車司機會受邀加入一個專屬俱樂部：斑馬騎士（Knights of the Zebra）。街頭畫上了星星來標示行人因交通事故死亡的地點。爲了減少凶殺案，安塔納斯邀請市民藉由戳破氣球來轉移他們的憤怒（該項活動吸引了約五萬人參加）。爲了處理缺水的問題，他拍下自己快速淋浴完畢的影片。他披上一件超人風格的披風，自稱爲「超級市民」。

這些招術看來奇奇怪怪，卻相當有效。在安塔納斯任內，用水量減少了百分之四十、凶殺率下降了百分之七十，交通事故死亡率也下降逾百分之五十。安塔納斯倡導公民參與，促使六萬三千位市民自願多繳百分之十的稅。藉由扮演超級市民、致力於推動集體領導（collective leadership）與他的「尊重生命」口號，他在這座城市裡激發了上述的價值觀。引用他的話，「我們的成就是數百萬人的功勞。」

在安塔納斯的領導下，公共政策——就和慷慨一樣是個很難有趣起來的主題——變得引人入勝，他的行動成爲全市熱議的話題。如果我們想讓好人好事變得不無聊，應該要準備好加入同等程度的想像力。

幽默是一種特別強大的創造力。如果你能使人們發笑，你不只能贏得他們的注意，同時也能解除他們冷嘲熱諷的態度。幽默也許就是二〇一四年ALS（肌萎縮側索硬化症）冰桶挑戰運動大成功的關鍵。沒錯，那些社會名流支持運動的影片的確很暖心，不過讓這運動傳播開來的還是那爆笑的畫面：看到名人被冰水澆身，然後提名朋友遭受相同待遇。

十一鬍子月（Movember）運動籌集的資金甚至比ALS冰桶挑戰還要多。這個

*
這項運動能做得更多嗎？有些人批評它是雷聲大雨點小，然而最終ALS冰桶挑戰運動總共籌集逾一億美元，並大大提高了世人對ALS患者困境的認知。相較於典型的網路迷因，我永遠都會選擇這種雖然「不太完美」、卻富有感染力的慷慨行動。

活動鼓勵男士們每逢十一月就開始留小鬍子——造型要多古里古怪都行——來引發關於男性健康的討論。幽默與個人參與感使這項運動大爲風行，從而在十八年間爲攝護腺癌與睪丸癌等疾病籌集了共計十億美元以上的資金。

幽默與創造力是人人可用的工具。一個小時的發想或腦力激盪，就可能將慷慨從一次性的行動變成創意十足的樂趣，引發激動人心的漣漪效應。

三、鼓起勇氣

運氣總是眷顧勇敢的人，在慷慨之道中更是如此。

達里爾·戴維斯（Daryl Davis）是一位非裔美人音樂家，他從小就感到困惑，不明白爲什麼在他自己的國家會有人只因爲他的膚色而憎恨他。於是有一天，他決定自己去找出答案。他聯絡了一位名叫羅傑·凱利（Roger Kelly）的男子，三K黨馬利蘭州支部的領導人。他邀請凱利到一家汽車旅館會面。戴維斯帶著他的祕書，凱利則有一名保鑣同行。凱利並不知道他所要見的音樂家是個黑人。

可想而知，這是一次緊張萬分的會面。有一度所有人都相信剛剛有把槍上了膛而躍起身來，不過幸好那只是冰桶裡冰塊碰撞的聲音。儘管凱利對不同種族應該隔離的堅定信念讓戴維斯爲之駭然，不知怎地他們兩人約好再進行一次會面，地點在戴維斯的家裡。他們後來繼續碰面，戴維斯甚至答應參加三K黨的某次集會。

有線電視新聞網（CNN）耳聞兩人之間奇妙的關係，製作了一篇報導，讓這個故事映入全世界讀者的眼中。吸引了CNN的是什麼？是戴維斯的深刻勇氣，他願意去做一件換到他的處境幾乎沒有人敢做的事。這份勇氣最終使凱利離開三K黨。戴維斯成爲了他的朋友，他怎麼還能繼續待在那裡呢？而戴維斯主動去跨越一道看似不可能彌補的鴻溝，鼓舞了數以百萬計的人。他的努力獲得全國上下的讚揚。他在TEDx演說中說道（該影片獲得逾一千二百萬次觀看）：「無知會滋生恐懼，我們畏懼害怕我們不了解的事物。如果我們讓恐懼失控，恐懼就會變成仇恨，因爲我們會憎恨我們害怕的東西。如果我們讓仇恨失控，這種仇恨就會帶來毀滅。」

我們在前一章討論過溝通之橋，而這正是一個搭橋的例子。那份昭然若揭的勇氣正是鼓舞千萬人的關鍵。

勇氣有許多種形式。有的勇氣有如熊熊大火，例如一名來自馬利的男子爬上巴黎一棟建築的四樓，救下懸吊在陽台上一個陌生人的孩子，這段戲劇性的影片在社群媒體造成轟動。還有一種勇氣是比較緩慢而持續的燃燒，例如英國格里姆斯比（Grimsby）的一位老師，在第一次新冠疫情大封鎖期間為他的弱勢學生們送出了一萬五千份餐點。

在我的想法中，任何持續挑戰的行動都需要某種勇氣十足的慷慨。當新冠肺炎襲擊英國時，湯姆・摩爾上尉（Captain Tom Moore）已九十九歲，身體十分虛弱，要靠助行器才能走動。他想做些事情來幫助國民保健署（National Health Service，NHS），但是他財力有限。然而他還有時間與精力可以貢獻，他宣布了一項奇特的群眾募資行動，承諾在他百歲生日之前繞行他的花園一百遍，可想而知得耗費他不少時日的持續努力。他無法確定自己能否完成任務，但任誰都不會想丟人現眼，所以說，這個決定對他而言需要眞正的勇氣。

當地報紙報導了他的計畫，立刻在社群媒體上瘋傳。看見這位老兵踏著堅毅的步伐在他的花園內緩步前行，只爲了幫助NHS那些身陷困境的醫生與護理師，大家深受感動。他的名言「明天會是個好天」也成爲網路上的迷因，而他也受邀錄製了經典頌歌〈你永遠不會獨行〉（You'll Never Walk Alone）的翻唱版本。到了他意氣風發的百歲生日那天，他不只完成繞行花園的計畫，收到了十六萬張賀卡，同時還是史上最年長的熱門單曲冠軍。不久之後更獲得爵士頭銜的殊榮。

他原本的目標是籌集一千英鎊。但是當一個人的慷慨開始發揮感染力，事情往往已經超出能夠預測的範圍。他最後募集的資金總額高達三千二百萬英鎊。

摩爾上尉最終死於他籌錢對抗的那個疾病。但他在人生的最後一章毫無疑問拯救了許多其他人的生命。他的勇氣與決心在疫情最黑暗的日子鼓舞了數以百萬計的人。

每一次的慷慨行爲都有其意義，不過那些帶著勇氣前行的行動可能會產生遠遠更大的影響。勇氣不等同於無所畏懼。事實上，沒有恐懼就沒有勇氣。勇敢代表的是克服你的恐懼，如果你能做到這一點，你也許就能創造足以改變世界的漣漪效應。

所以如果你將創造力與勇氣結合在一起，會發生什麼事？有一個強而有力的字眼足以描述：**膽識**。大膽的夢想會引來慷慨，而大膽的慷慨會產生感染力。我們將在第十二章深入探討這一概念。

四、伸出手合作

合作並不容易，但是如果找到對的方法，合作就會成爲人類意志的擴大器。一加一加一可以一直加到幾百萬。

和全球其他的城市一樣，當洛杉磯在新冠疫情早期封城時，一個美好的新禮儀應運而生。每到晚上八點鐘，人們就會走到自家門廊或將頭探出窗外，高聲吶喊並敲打平底鍋，以示對第一線醫護人員的感謝。

看到這樣的壯觀場面，曾獲葛萊美獎（Grammy）的洛杉磯搖滾樂團 OK Go 深受啟發。他們用每名團員在遠端合奏的方法製作了一支新的音樂影片，〈此時此刻同在一起〉（All Together Now）。他們並將這首歌的所有獲利捐給一個全球保健慈善團體健康伴侶（Partners in Health）。「想到在這樣難以承受的悲劇時刻也能產生一些美好的事情，就有如黑暗中看到明燈，」樂團主唱達米安．庫拉許（Damian Kulash）表示。「當我們與焦慮搏鬥時，任何一絲希望都彌足珍貴。我們想要呵護它、分享它。」

這首歌詞是對四海一家精神的禮讚：

一切都在原處
卻永遠不再相同……

地球的每個角落
每一個靈魂
每一個存在的人
此時此刻同在一起

一名高中老師被這首歌深深打動，於是主動和庫拉許聯絡，詢問能否提供樂譜給她學校的合唱團，讓他們能在隔離期間演唱。這名老師的詢問點燃了一個好主意。他們決定向全世界免費提供這首音樂作品，希望能團結全球音樂人並製作成一部大規模參與的影片。在聖湯瑪士大學遊戲學習實驗室（St. Thomas Playful Learning Lab）的合作下，他們爲這首歌編寫了弦樂團、合唱團、管弦樂團和其他各種合奏的版本。接著藝術家與動畫師也製作了可供人上色的動畫框架，然後他們向藝術家、學生與孩童徵集想把自己上色作品放在影片中的人。

外界的熱烈響應令他們驚訝不已。他們總共接獲**一萬五千個**作品。爲了整合這些作品，剪輯、動畫製作與混音的工作量驚人，最後的成果是六部鼓舞人心的音樂影片：#ArtTogetherNow系列作品。

正如庫拉許所言：「這成了大家的版本，不是我們的。」

當你仔細檢視整個計畫，你會發現每個階段都有慷慨的身影。OK Go願意無償提供他們的音樂創作，並且投入大量時間來進行規劃與組織。幾名合作夥伴爲這項計畫付出的努力。還有一萬五千個作品背後的時間與創造力。

當然，如果沒有網際網路，這一切都是不可能的。在理想的情況下，網路確實能夠激勵人心。我還記得我看到艾力・韋塔克（Eric Whitacre）第一部虛擬合唱團（Virtual Choir）的影片時，不禁熱淚盈眶，該部影片有來自十二國一百八十五位歌星的大合唱。這才是網際網路存在的初衷。

網路可以在許多意想不到的領域促成合作。

韓國流行音樂團體防彈少年團（BTS）二〇一〇年在一間車庫裡展開他們的演藝事業。他們以迅猛之勢崛起。到了二〇二〇年，他們已成爲全球最熱銷的藝人，連續兩年獲得國際唱片業協會年度全球唱片藝人大獎（IFPI Global Recording Artist of the Year）。他們也是第一個在告示牌百大單曲榜（Billboard Hot 100）登上冠軍寶座的韓國團體。他們的全球粉絲有如天文數字，估計在社群媒體上來自世界各地的粉絲高達一億人。

這個粉絲群（被稱爲ARMY）。這個以Z世代爲主的ARMY是利用社群媒體演算法來推廣防彈少年團標籤和影片的行家，而且他們並未止步於此。在人數優勢與出名的鬥志加持下，他們運用社群媒體的力量來讓線上和線下的世界都變成更美好的地方。

防彈少年團的部分魅力來自於他們對緩解世上苦難的堅定決心。他們的歌談及青年心理健康與福祉等主題，並與聯合國兒童基金會（UNICEF）合作打擊兒少暴力。防彈少年團與他們的粉絲之間維持一種動態的共生關係，二者相互支持與激勵。當防彈少年團向「黑人的命也是命」（Black Lives Matter）運動捐贈了一百萬美元，ARMY利用標籤#MatchAMillion花了略超過二十四小時的時間募集到差不多的捐贈金額。當防彈少年團與聯合國兒童基金會合作設立標籤#LoveYourselfBTS，向弱勢青少年傳遞希望與自我關愛的訊息時，ARMY成員將這則訊息轉推了一千一百萬次。這群粉絲也把他們的積極行動主義帶到線下。爲了慶祝防彈少年團中兩位以支持環保著稱的成員田柾國與金南俊的生日，ARMY成員協調進行一項全球性的植樹活動，成千上萬棵原生樹木種植在了菲律賓、韓國與巴西，並以防彈成員的名字爲新造林命名。

網際網路讓以前不可能達成的合作成爲可能。其中大型開源軟體計畫是早期最受矚目的例子之一。吉米・威爾斯（Jimmy Wales）將相同方法套用到資訊上，開創了維基百科（Wikipedia）的驚人成功。有數以千計的志願者花費無數時間編輯數百萬條的百科全書條目。我問吉米是否認爲維基百科屬於有感染力的慷慨之舉。「絕對是！假如你花了四小時的時間來修改維基百科中某段晦澀費解的文章，自然會想，在幾個月甚至幾年之後，可能會有好奇的讀者偶然讀到你這篇送給世人的小禮物，他們會心一笑、心想是誰費心做了這麼一件令人開心的小事情。再說……這件事很好玩！你可以碰到其他聰明有趣的人，合作處理你感興趣的主題。」

網際網路上處處可以看到這樣的精神。國際危機地圖製作者網絡（The International Network of Crisis Mappers）是一個志願性質的社群，有超過一百六十個國家的九千六百位專家在此合作與共享資料。該社群的宗旨是預測災害、衆包相關資訊，以及保護人民。其中成員包括政策制定者、技術人員、研究者、記者與駭客。每人願意貢獻一些時間，加起來就創建出了價值難以估算的資源。而社群中每個人的努力又激勵下一個人加入與做出貢獻。

每當你正在考慮某項慷慨之舉時，如何才能招募其他人共襄盛舉永遠是個值得自問的問題。所有群眾募資活動都是活生生的例子，正如最近幾年如雨後春筍般興起的捐贈圈（giving circles）通常都是從臉書群組或是YouTube頻道中自然浮現的。

合作未必永遠都很容易，有時甚至會出現反效果。如果你經營著一個多年來悉心打造的組織，要和另一個組織建立輕鬆合作的關係可能會很難。到底誰該負責什麼？如果角色沒有明確界定，整個情勢可能很快就陷入混亂而適得其反。關鍵在於從一開始就讓每個人清楚要如何分工合作。

如果你能找到促成合作的聰明方法，你的影響力就會一舉提升。比起獨自前行而迷失在喧囂中，你所花時間的生產力也會突飛猛進。此外，合作也讓人更有成就感。當情勢變得艱難，你有其他人來幫你分擔負重。當事情進展順利，你也有其他人可以一起慶祝。

所以，何不思考看看要怎麼展開這場有感染力的慷慨合作之旅？也許可以從舉辦一場前章討論過的單一主題晚餐聚會開始。這次，你可以選擇把焦點放在大家對於鄰里——甚或對世界局勢——最關心的議題及原因，讓每位賓客聆聽彼此意見。然後問大家，在所有這些議題中，有沒有哪些是他們會有興趣以團隊方式持續關注的。有很大機率是至少有一個議題能引起衆人興趣。接下來的時間則進行腦力激盪，看看有什麼是你們可以一起合作支持這個議題的事。比如說：決定大家一起在當地的非營利組織做一個下午的志工。或者深入研究一個議題，每人負責一個特定領域。或每人出一小筆錢來湊成一份共同捐款。或是約定好在線上互相支援，一起傳播某個有益世界的迷因或故事。或者以團隊形式幫助附近某個需要協助的家庭。

亦有可能，你們會產生一個眞正可以帶來改變的點子，並使你們之間的情誼更加緊密。沒有什麼比共同目標更能加深友誼了。也許地方上的慷慨合作行動會跟讀書俱樂部一樣，成爲大家聯絡感情的新場所！

你們甚至可以更進一步，致力打造一個可以隨時間逐漸成長、吸引更多人加入的捐贈圈。莎拉・洛梅林（Sara Lomelin）曾發表一場精彩的TED演說，講述了捐贈圈的實作情況，並提供幫助捐贈圈順利進行的核心要點。她在演說結尾提出這樣的挑戰：「如果每座城鎮、每個問題、每處社區都有像你們這樣熱情洋溢的慈善人士組成的捐贈圈，會怎麼樣呢？在一個千鈞重負的世界裡，能夠攜手從事慈善事業讓我心中充滿喜悅，對未來懷抱希望。」

五、打造一具擴大器

如我們先前所見，當人們使用這個連結時代的工具來放大最初投入的努力，就會產生令人眼睛一亮的影響力故事。約翰·史維尼從一杯咖啡的小禮物發展成待用咖啡的全球運動。薩爾·可汗從製作一兩部教學影片發展成設立一個共享教育資源的組織。愛達·紐杜卡·奧揚不僅連結了非洲的科技業女性，還建立了一座平台來實現更大規模的連結。如果你能夠創造出這樣一具擴大器，你的影響力就可以更上層樓。以下是一些擴大器的範例：

- 一個專注於以特定方式來幫助他人的社交媒體群組。
- 一個將關心某議題的人們連結起來的網站。
- 一個讓人們用簡便方式提供建議或尋求幫助的應用程式。
- 一項群眾募資活動。
- 一個致力於推動你所關心議題的組織。

這些作爲可能都超出多數人的資源範圍。我們未必是工程師、創業家或擅長組織規劃的人，不過對這樣的可能性保持開放態度並沒有壞處。你可以先從你居住的鄰里起步，看看能走多遠。建立社會運動的工具愈來愈進步，尤其ＡＩ更是爲事件策劃、知識與創意的生成帶來了難以想像的可能性。有時候，只需要在對的時間、對的地點找到幾個志同道合的人就夠了。

我們的網站 infectiousgenerosity.org 編列了一些資源，提供給任何有興趣開創這種可能性的人。

大家一起來

情感、創造力、勇氣、合作和擴大器擁有各自的強大力量。結合在一起更是勢不可當，能夠爲善行提供所需燃料，讓善行被看見，並將一波波鼓舞人心的浪潮傳播到全世界。

艾咪．渥爾夫（Amy Wolff）的故事就展現了這每一種力量的實踐——同時也讓我們看見一個並非專業也缺乏內部知識的普通人能如何引發一場轟轟烈烈且有感染力的慷慨行動。二〇一七年春天，職業爲演說教練的渥爾夫得知了她居住的奧勒岡州紐貝格（Newberg）年輕人的自殺率。那個數字令人震驚，她感到既詫異又無助。她並非心理治療師，面對這種苦難，她又能怎樣？

她後來在〈Sounds Good〉Podcast 節目上表示，儘管她覺得自己資格不符，她依然「固執地決定去做一些事情，而非麻木不仁地等待別人來解決。」

好幾年前，渥爾夫曾有過一個瘋狂的夢想。「我想像有許多庭院告示牌，上面寫著『別放棄』，」她說道。「用來鼓勵某人度過離婚或戒除毒癮的難關……如果我正處於混亂、創傷或心痛之中，在上班路上或郊區看到這樣一個爲我加油打氣的告示牌，我會有什麼感覺？」

紐貝格的自殺率成爲實踐這個夢想的催化劑。她訂製了二十個告示牌，上面寫著靈感來自布芮尼·布朗的有關愛、希望與勇氣的訊息：你做得到、你值得被愛。她駕著車子，車上載著她的丈夫、孩子以及那二十個告示牌，打算一路詢問紐貝格的居民是否願意讓她將告示牌插在他們的院子裡。「這點子實在蠢到不行。」渥爾夫一面開車一面這樣想。

她錯了，他們在紐貝格問過的所有陌生人都想要牌子。當地社群媒體頻道不到幾小時就掀起熱烈討論，有更多人也想在自家院子插上這樣的告示牌。渥爾夫於是告訴大家她就是製作者，並開設一個網頁來接受訂單。很快這就成爲全球性的運動，來自全美各州與二十四個國家的訂單接踵而至，而且至今仍在持續當中。

她的收件匣裡湧入大量訊息，紛紛述說這些告示牌所帶來的正面影響。有個男人眞的在駕車前往他打算自殺的地點途中看到一個告示牌寫著「別放棄」。他於是開車回到家裡，向家人敞開心扉談論他的憂鬱症。有個爲自己感到羞愧的吸毒者在駕車途中看到這個「明亮、白色的東西」：那是一個告示牌，上面寫著「你犯的錯不能定義你」，他於是下定決心接受戒毒治療。

渥爾夫的行動並沒有爲她賺進一毛錢。這些告示牌是種無條件的善意：「誕生於一種號召之聲，無論這聲音來自任何地方的任何人。」這種無條件的善意似乎滿足了所有人心底深處都存在的一種需求，給予善意或接受善意的人都一樣。

要展開這項行動，需要情商、勇氣、創造力、合作，以及進一步擴大其效果的決心與努力。在這些催化能量的推動下，一場眞正美好的全球運動得以成長壯大。

此外，還有一項至爲關鍵的催化劑，閱讀本書的每個人都可以參與其中。它值得花一整章來探討。

CHAPTER 8

傳遞下去——
慷慨的感染力取決於我們敘說的故事

在上一章，我講了好幾則故事，描述人們如何點燃了那些有感染力的慷慨時刻、如何引發了那些有感染力的慷慨運動。但是我知道你們心中可能猶有疑慮。我們在日常生活中的所見所聞，在在使人懷疑世事是否朝對的方向發展。在主流媒體與社群媒體的描繪下，當前的世界一片黑暗，萬事萬物都具有威脅性。政治、科技、犯罪、文化，更尤其是那可怕又危險的未來。當然，如果世界眞是如此悲慘殘酷，也許認淸與接受現實會更好。但世界眞的是這樣嗎？許多看過實際數據的人並不如此認爲。

史蒂芬．平克（Steven Pinker）在二〇一八年的名作《再啟蒙的年代》（*Enlightenment*

Now）中，悉心竭力記錄了全球人類在生活中幾乎所有可衡量的方面所取得的進展，包括戰爭減少、犯罪減少、貧困減少、社會進步與壽命延長等等。二〇二三年初，我問他近期的情勢發展是否削弱了他的論點，他的答案是否定的。

「人類的進步並非一種論點，而是事實，」他在回信中告訴我。「這個事實仍然存在，雖然最近遇到了新冠肺炎與普丁的戰爭等可怕挫折，讓我們近期取得的些許成果付諸流水。這些挫敗多半是暫時性的，而且即使是這些挫折也無法抵消過去幾年的持續進步：數十個國家根除或是減少了某些疾病的發生；廢除死刑、童婚與同性戀罪；對生態敏感地區進行保護或恢復；減少空氣汙染與水汙染；加強保障女性與跨性別人士的權利；擴大電力、潔淨水與學校的普及；加速淘汰化石燃料的轉型。那些挫敗提醒著我們進步的眞實含意：進步不是某種神奇的力量，可以讓所有地方所有人的生活不斷變好；而是人類的聰明才智、辛勤努力、同情心與好點子所帶來的回報。這些推動改善的驅動力只要有哪個環節被削弱了，我們就會停止進步，甚至退步……這使得我們更應該去了解、珍惜與強化這些驅動力。」

我完全贊同平克說的，儘管我們所聽到的故事可能使我們相信反面的看法。現在我們就花點時間來思考，爲什麼當今的媒體風景會籠罩在一片悲觀的雲霧之中。

媒體報導的「不幸」邏輯

當年我還是記者的時候，我有份工作的內容包括整理各大通訊社提供的新聞，製作成一份世界新聞摘要。各通訊社會預估各新聞的重要程度，在每篇文章加上相應的標籤。比如說，美聯社（Associated Press）會把「快報」的標籤保留給他們認爲是絕對重大的當日頭條新聞。

我內心的哲學家開始在想他們是如何得出這樣的結論。你怎麼能把一個國家的政局亂象與另一地的名人行爲相提並論呢？所以我持續研究這些報導，很快就發現其中的模式。

非常粗略地說，要成爲全球頭條新聞至少要有一百人以某種戲劇性或暴力的方式喪生——例如爆炸或飛機失事。不過這標準還有些微妙之處。如果牽涉到兒童，所需死亡人數可能大爲降低。如果是某個感覺上很遙遠的國家發生水災這類的自然災害，罹難人數要多上更多才能確定會引起全球的關注。而根據經驗法則，死於暴力的一百人保證成爲全球頭條。

乍看之下，你可能會覺得這挺有道理。畢竟，一架飛機掉下來、上百人喪命，這**確實**令人震驚。死者家屬悲悽的神情會令我們一掬同情之淚。這樣一個故事可能會占據新聞版面好幾天。

但更廣泛的背景卻被忽略了。我猜你可能不知道我接下來要說什麼。當你把所有死因納入考慮，你會發現**每天都有超過十七萬人喪生**。那場飛機失事奪走的生命只占其中百分之一的十七分之一而已。也許你會說，健康欠佳或其他自然成因導致的死亡就是不太會引起關注。也許吧。但在這十七萬人中，幾乎每一名死者身後都有一個悲痛的家庭。如果你是一名母親，你的孩子死於飛機失事或常見疾病，哪種會令你更痛心？？我認爲是一樣痛心，你不覺得嗎？

眞正的頭條新聞應該是要關注那些致力於減少人類苦難的傑出作爲。我舉一個例子：在一九九〇年，即使有幾十年的發展援助（development aid）加上醫學進步，**每天**仍有逾三萬五千名兒童死亡。而現在，拜那些奉獻一生對抗營養不良和可預防兒童疾病的英雄所賜，那個數字已降到一萬四千人以下。

所以，以下哪一個事實才對世界更具意義？是昨天死於飛機失事的那一百人？還是那二萬一千名本來會在昨天死亡、但因爲在這幾年間的世界運作方式改變而活下來的兒童？

以這個問題而言，大部分人甚至不會獲得足以做出決定的數據，而這無疑是對主流媒體的一項嚴厲控訴。

這裡沒有任何惡意。恰恰相反，全球的新聞編輯其實都自豪於能從一片雜音中篩選出令人感興趣的訊息，他們對於能夠引發人們想像力的內容有著高超直覺。但是他們也受到兩項力量強大的失眞因素所影響：

一、認知偏誤：壞事比好事強大

所有的人類都比較關注危險而不是機會。我們是複雜又難以理解的生物，讓我們一下子變快樂很難，狠狠傷害我們則容易得多。童謠中的矮胖子（Humpty-Dumpty）坐在牆上，可能有上千個機會增進他的視野，但是關注可能摔下來那麼一次的風險對他來說是更明智的。

這種對危險的警覺因此成爲我們心理基礎的一部分，即使在我們身處的世界中，有許多曾經對我們構成威脅的危險都已消失。

羅伊．鮑邁斯特（Roy Baumeister）等人在二〇〇一年發表了一篇經典社會心理學論文，題目直截了當：〈壞事比好事強大〉（Bad Is Stronger Than Good）」。該論文顯示出在我們心理的許多方面，生活中的壞事對我們的影響比好事更加強烈與持久。良好的養育過程常被遺忘，童年的創傷卻可能持續一生。收益固然令人愉快，但損失更是令人痛不欲生。（這也就是爲什麼損失趨避成爲阻礙我們發揮慷慨精神的一大力量。）毫無疑問，當談到什麼最能吸引我們的注意力，可怕、危險與令人不快的事通常會勝過高貴、充滿希望與善良的事。正如心理學家瑞克·漢森（Rick Hanson）所言：「對於負面經驗，我們的大腦就像魔鬼氈，對於正面的，則像不沾鍋的鐵氟龍。」這是關於我們的一個令人討厭的事實。不過既然你知道了，你就可以開始設法擺脫它。

二、時間偏誤：好事發生得慢，壞事發生得快

人類天性的複雜性也適用於對整個世界的觀感，從而形成了好與壞之間一種奇怪的不對稱。宇宙的自然狀態是渾沌不明，讓任何好事發生都需要時間。一般而言，好事是由非常多人一點一滴建立起來的。好比說一個發明家對解決某重大問題的點子興奮不已，於是他和一位創業家組成搭檔。他們向有遠見的投資人募得資金，招募一支團隊來進行開發。十年後，數百萬人的生活變得更好了。但在這整個過程中，沒有一個特定時刻會讓新聞編輯說出，「把頭版留給我！」

以手機爲例，手機改變了世界，幫助數以億計的人生活得以改善（有時也會受到傷害）。然而在一九七三年四月四日《紐約時報》宣布全球首部「無線」電話問世時，該篇報導是埋在五十七版的最底部。

再看改變世界的另一項重大發明，盤尼西林。它是由亞歷山大・弗萊明（Alexander Fleming）在一九二八年發現的，首次登上《紐約時報》則是在整整十二年後，而且又是五十七版，不過小小的標題還算有前瞻性：〈新型無毒藥物據稱是迄今發現最強的細菌殺手〉。沒錯，當時第二次世界大戰正如火如荼，你可以理解編輯們的注意力被吸走了。然而盤尼西林將在協助贏得這場戰爭發揮實質作用，且未來有一天將拯救估計超過一億人的生命，是該場戰爭所奪去生命的兩倍。但要達到這種成就，必須經過長期的發展、測試與臨床試驗，最終才成爲全球保健系統的標準操作。眞的很乏味，但世界因此改變。

另一方面，壞事卻是在瞬間發生，也在瞬間爲人所認知。一棟花了十年規劃與建造的建築物可能在一眨眼間被炸毀。一位政治家終生的領導經驗可能只因爲一次失算的舉動毀於一旦。一架飛機蘊藏著人們總計二千年份的生活經驗，卻可能被一道閃電擊落。

因此……媒體失真

將以上兩件事結合起來，我們的問題就大了。新聞單位大多專注於回答這個問題：「過去幾個小時發生的最聳動事件是什麼？」而上述兩種偏誤會驅使他們去關注讓世界看來最岌岌可危的事情。

基於同樣的原因，社群媒體更將這點推向了另一個極端。最吸睛的貼文和最容易抓住粉絲的帳號，往往是最具煽動性與批判性的。最終結果卻是給予我們所有人這個世界充滿敵意的印象，而這種敵意是來自我們眼中與我們誓不兩立的群體。

當然，的確有一些壞消息是我們需要知道的：不公不義、權力濫用，以及對未來的真切威脅等等。但是我們的新聞體系會將各種壞消息放到最大，而且經常未能用好消息來加以彌補。

這實在令人憂心。因爲我們的性格是經由我們告訴自己的敘事所塑造。我們所聽到的形塑了我們所相信的，而我們的信念又形塑了我們是誰。

因此，我們事實上正在欺騙自己，讓自己以爲這個世界比實際狀況更糟糕，而這種信念導致我們更缺乏信任與希望，也更不願相信我們可以做些什麼去改變這一切。雖然沒有人是有意爲之，但我們正在說服自己陷入無法彌合的分裂、不信任與失能。

我們**必須**糾正這樣的情況，而現在有一些令人印象深刻的行動已經展開。

讓好故事適得其所

目前有愈來愈多的線上媒體致力於另一種以數據和長期觀點爲本的敘事。這些敘事所展示的世界是：沒錯，這裡存在著一些嚴酷的挑戰，但也正在取得長足進步。

你可以參考「未來緊縮」（Future Crunch）網站（「如果我們要改變二十一世紀人

類的故事，我們就必須改變對自己說的故事」），與「進步網絡」（Progress Network）（「讓我們創造夢想的未來，而不是恐懼的未來」）。至於「好消息新聞網」（Good News Network）結合了暖心的個人故事與較深入的科學與環保進展相關報導。「解決方案新聞網」（Solutions Journalism Network）則聚焦於那些努力解決問題的人。樂團傳聲頭像（Talking Heads）的大衛・拜恩（David Byrne）出資設立了振奮人心的網站「雀躍的理由」（Reasons to Be Cheerful）——推薦你去看看〈我們不分裂〉（We Are Not Divided）」系列文章。「Upworthy」則是提供我們「每天最美好的人性」。除了這些之外，還有更多新興媒體也致力於分享更慢、更重要、更充滿希望的當日新聞。

主流媒體能做的事

等到這本書出版，我就會各寄一本給一百家最具影響力新聞機構的編輯，建議他們閱讀本章，並發表公開回應。我猜想，其中許多人會表示他們有時也對這些議題感到憂心，但歸根究柢，還是聳動的新聞才有賣點。如果失去這個，他們就完了。雖然如此，他們仍可以採用許多小步驟來協助解決這個問題。我認爲這些措施會使他們的報章與節目更**有趣**，而不是更無聊：

- 每天推出一篇以數據爲基礎的報導，呈現某個大眾重要議題的長期趨勢，不刻意避開好消息。也就是說，要堅持在得知數據最終結果之前就刊登出來。
- 加倍努力挖掘關於前景可期的發明、創新與創意故事。
- 在每一篇負面新聞報導中增添背景資料。一架飛機墜毀了，但今年航空事故死亡人數與前幾年比較的情況爲何？一個孩童失蹤了，但是失蹤兒童最終安全找到的比例是百分之幾？趨勢是改善或惡化？
- 增加一個固定專欄，報導爲社區做出貢獻的無名英雄故事。
- 開闢一個社論專欄，主題爲「我有個登月級的新點子……」
- 增設一個固定欄位，邀請讀者分享關於人間善良的小故事。

- 增設題為「慢新聞」的每日專題，專門報導過去十年間所發生、但其重要性至近期才逐漸明朗的重大事件。
- 邀請「解決方案新聞網」每日提供一篇故事。
- 考慮重新定義你的使命為「至關重要的新聞」。

我們的必說故事

如果你讀完這份清單，然後心想，這永遠不會實現，他們才不會改，那或許你可以幫上忙！這是我們全都能參與的行動。我們全都是出版者。在地球上，每天都會發生幾百萬件美好的慷慨之舉，而且幾乎每一件都是隱形的。如果我們能夠注意到這些行為、分享這個故事，就可能扭轉我們對自己與同胞的看法。

不過，這裡有個自相矛盾的點。慷慨的人往不想招搖。我們被教導的觀念是為善不欲人知、行善要低調謙虛。事實上，我們通常會譴責那些似乎在炫耀自己善行的人。但這也造成一個悲劇性的結果：能夠發揚慷慨精神的故事都隱而不宣，導致公共討論空間被我們更陰暗的本性所占據。

我們何不稍微反擊一下呢？我們應該起身出動，去發掘與盡力分享人們的慷慨、創造力、大膽無畏與合作精神。這也包括我們比任何人都熟知的故事——我們自己的故事！與其低調地藏起來，在今天這場爭奪注意力的激烈戰爭中，我們確實有道德責任去分享這些故事。

我相信有方法在做到這一點的同時不會像在自吹自擂。我希望是這樣，因爲我已經與各位分享了我的一些故事。我的信念是：我所做的每一件慷慨之舉不過是一種結果，源自我人生幾乎各階段都充滿福氣的事實。所以也沒什麼好誇耀的。我只是將這些福氣傳遞下去，希望能鼓舞其他人。本著同樣的精神，我呼籲各位去分享你爲自己與別人帶來喜悅的行爲。這一切都是在幫助改變人類的敘事。

瑪肯西的魔術

瑪肯西・史考特（MacKenzie Scott）就正在做這件事。她在二〇一九年與亞馬遜創辦人傑夫・貝佐斯（Jeff Bezos）離婚，分得價值高達六百億美元的財產。她很快就承諾要「將我財產的大部分回饋給當初幫助創造它的社會，我會深思熟慮、盡快開始、持續做下去，直到我的保險庫空無一物爲止。」自那時起，她每年都送出總計數十億美元的驚喜捐贈給數十家組織。如果受贈機構如此希望，她也不怕公開她的善舉。這樣的公開並非自我吹噓，恰恰相反，她的用意是表彰她視爲英雄的人物：那些正在辛苦創造改變的人。慈善界的觀察家對她的作爲頗感錯愕，她大膽無畏，對公益創業家賦予信任，不會用沒完沒了的盡職調查折磨他們，或是爲她的資金用途設下條件。如果你想了解用不自誇的方式公開贈予長什麼樣子，可以花一些時間去看瑪肯西的網站 yieldgiving.com，那裡有你看過最深思遠慮的慈善事業相關文章。這裡有一段美妙的話，當時她談起了那些激勵她發揮慷慨精神的人：

「我大學時有一名牙醫看到我用假牙黏著劑來固定一顆斷牙，於是爲我免費治療。我的大學室友看到我在哭泣，二話不說借給我一千美元，讓我可以繼續讀二年級。當她看到她的幫助爲我人生帶來的改變，她受鼓舞而在二十年後做了什麼？她成立一家公司爲貧困學生提供貸款，不需要保證人就可以申請。我又是如何把握這個機會，支持她實現幫助學生的夢想，就像她當年幫助我一樣？那成千上萬的學生、這筆以感恩爲動力的助學貸款的受益者，他們又會爲誰奉獻？我們無從知曉。每一份送出的慷慨都具有遠遠超乎我們想像的價值，也超出我們有生之年能看見的範圍。」

那絕不僅僅是「一份」禮物。所有禮物都蘊含著可複製的潛力，並且只有在爲人所知的情況下才可能被複製。這裡要澄清，我並不是說匿名捐贈不應該存在。而是就算你想匿名，我也會希望你能設法將這則慷慨故事說出來，儘管你在其中的角色是隱形的。

並非所有人都能成爲偉大的藝術家、老師、行動家、慈善家或建立組織的角色，但是我們都可以多加留意這些人。如果我們能讓世界知道有人展現出不同凡響的慷慨，其中的精神就會傳播開來。

這些慷慨行爲就在我們周遭，我們需要做的只有多加留意，然後用不無聊的方式分享出去！這意謂著要去關注人類的善心、創意與勇氣——以及任何足以展現我們眞正潛力的、眞眞切切的人際連結。如果那件事能抓住你的注意力，你就可以確定其他人也會有興趣。

社群媒體不乏各種分享寶貴知識或傳播奇蹟、智慧與啟示的帳號，但是可見度都遠低於其價值。如果有足夠多的人一起努力發掘與推廣這些帳戶，就有可能眞正改變風向，從而改變我們對世界的看法。

舉例來說，你可以規劃在每天上網時至少造訪一個本章提到的網站（infectiousgenerosity.org上亦有列出），然後從中選擇至少一則正向的故事置入你的社群動態中。就算這則故事與慷慨沒有直接關係，而是關於世界上的其他正面特質，你的行爲也是慷慨的。這是你贈予故事的參與者、贈予所有能看見的人的禮物。你是在幫忙糾正我們失衡的敘事方式。你是在幫忙揭示我們幾乎快忘記的、關於自己的眞相：人性不是由少數人的惡行所定義，而是由大多數人所做的善行所定義。

每一次你宣揚慷慨大度的精神，你都是在幫助扭轉趨勢。你是在幫忙描繪出這世界更合理的模樣，這幅畫面能夠讓我們大家擺脫恐懼，並意識到有一條路可以通往更有希望的未來。

CHAPTER 9

金錢上的慷慨——超越衝動型的捐贈

如我們所見，有許多最具啟發性的慷慨之舉都和金錢沒有太大關係。如果你專注的是這一類的慷慨，我向你致敬。你可以在我的祝福下跳過這一章，或者是等到你荷包更滿的時候再回來讀這一章。

如果你仍在繼續讀這行字，我就會假定你是個幸運兒，過著不虞匱乏的生活，同時也有意願慷慨解囊。也許你會同意我的看法：現在有許多人從事慈善的方式並不盡如人意。有太多捐贈是一時衝動的決定。世界某個角落發生了災難，照片裡的畫面淒慘無比，於是我們盡了自己的一份力。或者，我們只是在乎自己的社群中有人提出請求，而沒有停下來思考這筆錢是否會被有效利用。

在藏傳佛教中，不加思考、分析與理解的奉獻被稱作「愚蠢同情」（idiot compassion）。我們可不希望變成蠢蛋，應該提出一些明智的問題：我們希望透過捐贈達成什麼目標，以及該如何達成？是否存在實現眞正影響力的途徑？我們應該如何激發連鎖效應，將捐款轉變爲有感染力的慷慨？

換言之，我們需要一套慈善策略。本章就旨在幫助你建立屬於自己的慈善策略。

為什麼這並不容易？

根本的問題在於人類的互動世界異常複雜。在直接的經濟交易中，事情很簡單。我付你五美元，你給我一杯卡布奇諾。不論是買方或賣方都很清楚他們會從這筆交易中得到什麼。

但如果是在減輕人們痛苦的方面，情況就複雜多了。你在街頭看到一個無家可歸的街友，他希望你能給他五美元，但是你應該給嗎？這五美元帶給他們的東西也許大過你從卡布奇諾中獲得的享受，但你開始擔心東擔心西。他們會把錢花到哪裡去？你這樣不是變成在資助一個失靈的體制嗎？這種施捨是否只會導致依賴性，而不是創造尊嚴？

但話說回來，如果你在拿出錢之前先花點時間跟他們聊聊，聽聽他們的故事呢？也許你就能確定他們此刻眞正需要的只是一頓飯。或者他們眞的正在存錢，想搬進便宜的住處。或許你可以與他們建立某種人際關係，讓雙方都能不失尊嚴。如果你這樣做了，或許這份友誼會讓你有所啟發而去鼓勵別人效法。可是話又說回來，做這件事可能需要十分鐘，而這十分鐘你可以賺得遠超過五美元的金錢，換算下來你最好的選擇是去工作，然後直接開一張支票給街友慈善機構就好了。

於是，與其涉入複雜的議題，我們大多數人乾脆一走了之。我們可能會有一絲罪惡感，但是，哎，這是因爲不確定怎麼做才對。

當你把捐贈金額提高至數百美元、數千美元，或者百萬美元，這種不確定感只會愈來愈高。投入金錢與看到世界變得更好之間的因果連結，有百百種方法能夠破壞。我們的社會、科技與經濟體系會在無意間創造出各種瘋狂的後果。或至少足以導致我們的善意裹足不前。

這種擔憂使得每名潛在的捐贈人陷入猶豫，不論是大手筆的或小資的。要掏出錢來已經夠難了，想到我們的捐贈可能白白丟到水裡或者使我們陷入難堪，更是會令我們裹足不前。

我們絕對不該讓這種事發生。制定慈善策略的第一步就是要接受你的善行永遠不可能是零風險的。我們可以將風險降至最低，並且設法擴大正面作用，但是失敗或意外後果的風險永遠不可能爲零。經過深思熟慮但以失敗告終的計畫，怎麼樣也好過膽怯的毫無作爲。

一、問對問題

在決定你的慈善優先次序時，較明智的做法是讓你的理性與感性都參與其中。

許多人的慈善重心可說是生活中的某個事件所迫使的。例如失去所愛的親人，或曾深刻接觸過人類的苦難。這些經歷能夠給你動力去堅持某個目標。持之以恆的慷慨是很難的，因此堅持不懈的最好方式，就是用你深深關切的事物來帶動你的努力。

但也要確保帶動你前進的不只有情感。如果能規劃周詳，你的慷慨所能發揮的長期效益會大不相同。哲學家威爾・麥克阿斯基爾（Will MacAskill）建議，如果希望自己的慈善行動能發揮指數級的作用，你就要自問這三件事：這個問題有多重大？如何解決？它遭到忽視的程度有多少？

不過有一個問題是你絕對**不該**陷進去的：這對我的錢是最好的用途嗎？你永遠不可能得到一個明確的「是的」，因爲根本就不可能去分析所有可能的用途。把重點放在這個問題只會使你無所作爲。我們只要改問這句：這對我的錢是**值得**的用途嗎？如果答案是肯定的，就放手去做。將你的錢財投入世界總比讓它沉睡在銀行帳戶內更好。

在你優先考慮的領域中，要如何爲你的錢找出最適合捐贈的組織？傳統的建議是選擇營運開銷最低的組織，這樣才能盡量把你的錢全部送到目標接受者手中。但這也可能使你走錯路。絕大多數非營利組織的工作不在於資金的傳遞，而在於透過關鍵性的服務或推動制度上的改變來改善人們的生活。一個慈善組織的開銷包括了付給員工的薪資——通常是遠低於就業市場水準——他們會盡最大努力推動事情的進展。要決定應該支持哪個慈善組織，你需要看的是整體的效益。選擇一個你重視的指標，例如拯救了多少生命，減少了多少苦難，或保護了多少英畝的土地——然後做一下計算。每捐助一千美元，該組織在此指標上的整體影響爲何？或者直接利用如givewell.org與thelifeyoucansave.org等網站來進行比較。

順帶一提：有效利他主義與相關批評

這兩個網站都是有效利他主義（Effective Altruism，EA）運動的一部分，該運動源自彼德·辛格（Peter Singer）、威爾·麥克阿斯基爾等人的著作與論述。運動目的是引導人們能夠理性運用他們的慷慨，無疑是一個值得讚揚的目標。然而該運動在二〇二二年底因加密貨幣大亨山姆・班克曼—弗里德（Sam Bankman-Fried）涉及大規模金融詐騙被捕而受到重創。班克曼—弗里德之前曾公開支持EA，並且還是多項相關事業的出資人。他的被捕引發潮水般的批與謾罵，不僅是針對他，也包括了EA。

這些批評中有許多是毫無根據的。每一個社會都會有一小撮騙徒試圖利用他人的善心圖利，我們應該提防這些人，但是也不能任由我們的價值體系由他們來定義。我認識許多EA運動人士，往往認為他們是你能遇到的最心思縝密與最慷慨的人。

我將所有的建構都寄託於計算結果上，這種過度理性的做法確實有其風險。我會在後面提出需要小心不被帶入歧途的幾個方面，不過讓我們回到原先促成EA的初衷。我們希望我們的利他主義行動更具效益嗎？是的，我們當然希望。EA的使命再重要不過，我相信它能找到更上層樓、更為堅實、謙卑與明智的道路。

二、讓目光超越你的國家、物種與時代

EA運動的一項重大建議是擴大你的慈善目標範圍。對許多人來說，最有意義的捐贈形式是支持他們當地的社區。這很有道理。你更有可能了解眞正的問題所在；你可以花時間與金錢來解決某個問題，你還可以在家門前看到自己所帶來的影響，獲得極大的成就感。

不過，我們也有許多充分論據去考慮幫助開發中國家，就各種標準來看，這些國家更需要幫助，相同資金也能發揮更大效用。

在美國與歐洲，許多拯救生命的計畫之中，每救一條生命可能需要花費一百萬美元以上。但是根據givewell.org指出，那些把目標放在世界各地疾病的最佳慈善機構，每收到三千五百美元的捐款就能救一條人命——影響力超過整整兩個數量級。例如，分發數百個經過處理、可以消滅瘧蚊的蚊帳，平均就能拯救一條人命（同時避免數以百計的人遭到感染），而這種蚊帳的成本一個才五美元。

爲何會有這麼大的差異？部分原因是，富有國家裡的所有成本相對高上很多，包

括那些提供幫助者的薪資待遇。另一方面是因為開發中國家仍面臨著可以用具有成本效益的方法來解決的諸多問題，例如瘧疾與蠕蟲感染。反觀富有國家基本上已消滅了這些疾病，剩下的主要殺手是如癌症、肥胖症與心臟病等解決成本高昂許多的疾病。

因此，做為捐助者，如果你希望你所捐出的錢緩減苦難的效果最大化，你或許應該把眼光放到開發中國家。當然，這或許與之前「用你的心做決定」的建議互相矛盾。其他國家的問題看來可能十分遙遠。其實不然，只要做一點功課，你就能對你所幫助的人們獲得清晰的了解，你可以與慈善組織直接互動，或者更理想的情況，你親自旅行，第一手體驗你希望幫助解決的問題。

如果你這樣做了，自然而然就會得到慷慨的回饋。紐約的文學經紀人托德．舒斯特（Todd Shuster）二〇一八年只是到盧安達（Rwanda）旅遊，但他立刻就愛上這個國家與當地人民。他決定幫助當地一戶家庭，並且盡其所能返回該國提供幫助。就在兩年前，他與和平研究學者吳瑪雅（Maya Soetoro-Ng）聯合出資在美國設立了一個非營利機構，稱作和平工作室（Peace Studio），為富有才華的新進表演藝術家與致力於宣揚社會公義的記者提供贊助金。托德說服和平工作室的同仁與盧安達進行合作：聯合茱莉亞音樂學院與美國其他音樂學校的畢業生與盧安達的年輕表演藝術家們，在二〇一九年七月的烏布蒙圖藝術節（Ubumuntu Arts Festival）於基加利種族滅絕紀念館（Kigali Genocide Memorial）進行表演，以紀念盧安達慘絕人寰的內戰結束二十週年。

「看著這群藝術家在露天劇場的合力演出與熱烈喝采的觀眾，我感動不已，」托德後來告訴我。「不到美國大學一門課程的花費，就可以幫助盧安達一戶家庭實現他們把女兒送進大學與支持兒子做個小生意的夢想。這對我們所有人都是一個充滿喜悅的體驗。」

在你把眼光置於遠方需要幫助的人們之後，還有兩個躍進目標值得你思考。

第一，我們可以將我們的慷慨擴展至與我們共享這個星球的其他物種。人類也許比其他動物更特別，不過牠們也與我們共同擁有一樣東西：感知能力。哲學家傑瑞米・邊沁（Jeremy Bentham）寫過一段名言：「該問的不是牠們能否思考？也不是牠們能否說話？而是牠們也會感到痛苦嗎？」彼德・辛格在其代表著作《動物解放》

（*Animal Liberation*）中揭露許多令人震驚的新資料，有力證明了我們今天對待動物的方式——尤其是在工廠化農場與實驗室中——實在可恥。目前已有數十家組織設法透過倡議、司法改革、草根行動，還有單純地提高大眾認知來糾正這樣的錯誤。

第二，我們有一些強而有力的理由必須去關切尚未出生的未來世代。如果我們這個世代搞砸了，任由我們被眾多可能存在的威脅摧毀，那不僅是我們的失敗，我們也等於是扼殺了無數未來生命存在的機會。

我們捐贈的接受者愈是遙遠，或愈是概念化，我們可能就愈難依賴人類本能的情感來激勵自己與其他人。但是如果將此一論點過度延伸則有明確的危險。如果你相信你的行動能夠幫助拯救未來無數條人命，你可能也會說服自己爲了支持此一目標，一些失當的舉措並不爲過。**經過我的計算，X行動能夠增加大約百分之一的機會，讓一千億人在未來得以出生，避免人類在本世紀遭到滅絕。就數學而言，這樣的結果相當於拯救了十億人的性命。這是前無古人的大功德。因此，就如同亞伯拉罕．林肯（Abraham Lincoln）當年耍了一些政治手段讓他的反奴隸法案過關，我也應該不擇手**

段，不論好壞，來實施X行動。

但如此計算並不適合由個人來進行，因爲世界充滿太多不確定，這種計算的風險也太高。爲尊重與我們共享星球那些生命的權利與利益，這也絕對不能合理化有違我們對彼此道德期待的行爲。對我而言明智的做法是，沒錯，我們必須嚴正看待生存威脅。毫無疑問，許多這類威脅所獲資金遠不及所帶來的風險，但是我們應該極力避免以「爲達目的不擇手段」的論點支持那些努力，這樣眞的太危險了。對我們大多數的人來說，我們的焦點應是致力於幫助今天的世界更加美好健康。這些所有的努力，幾乎也等於同時在建立我們對抗反烏托邦未來的防禦。

三、善用槓桿作用

要使捐贈產生眞正的指數效應，我發現把重點放在槓桿原理相當有用。影響力是最重要的，而一個組織可以用槓桿來大幅增加影響力。自從人類發現一個弱小的人只需一支長一公尺的鐵棍和一塊石頭就可以撬起重達一百公斤的巨石，我們就一直著迷於用更少的資源做更多的事情。你寧願資助一顆金蛋，還是一隻能下千顆金蛋的鵝？

有許多力量能夠幫助組織擴大你的捐款所能造成的影響力。以下是幾個例子：

科技

每一部機器都是爲增強人類的能力而設計的。慈善機構啟動國際（KickStart International）爲非洲低收入的農民提供成本低廉的腳踏泵。這種每部七十美元左右的泵系統能將地表下二十英尺的地下水抽取上來，灌溉一英畝的高價值水果與蔬菜。如此一來，每部腳踏泵可以帶來每年七百美元的額外收入。即使將一切開支與開發模型多年的成本計算在內，啟動國際也能夠利用一億美元的慈善資金幫助一百四十萬人脫貧——每人成本只需七十美元，而且隨著規模的擴大，這個數字還在繼續下降。這就是槓桿作用。

環境保衛基金（Environmental Defense Fund，EDF）站在對抗氣候變遷的最前線。其中一大挑戰是減少甲烷排放量，這種氣體成噸成噸地排出，在大氣中最初幾年產生的溫室效應是二氧化碳的八十倍以上。甲烷是一種具有價值的氣體，大部分的商業排放都是在無意間發生的，例如管線外洩。如果你能夠追蹤排放的情況，企業多半樂於解決，如果他們不願意，也能透過公開譴責迫使他們就範。EDF於是設計了一顆人造衛星，利用特製的偵測器在全球範圍內追查外洩來源與外洩的規模。想想看，一個洗衣機大小的設備就能夠追查地球表面二億平方英里的重要資訊。氣候變遷對人類而言是正在逼近的幾兆美元等級的災難。這顆重要人造衛星的成本是多少？九千萬美元。這就是槓桿作用。

教育

學習與使用知識是人類最大的資產。花一小時就能學到的知識可以受用一生。然而幾乎在整個人類歷史中，絕大多數人都無法獲得任何形式的正規教育。教育女孩（Educate Girls）是一個致力於改善這種情況的慈善組織，組織工作人員前往印度各地那些從未讓女孩受教育的村落，挨家挨戶拜訪，耐心地向父母和村中長老解釋爲什麼應該給予她們接受教育的機會。該組織有條不紊的方法加上仔細的數據追蹤，已幫助逾一百四十萬個女孩到學校就讀，並且開始夢想除了早婚與世代貧窮之外的生活。以慈善角度來看，爲一個女孩提供改變人生的機會只需要六十美元左右。這就是槓桿作用。

科學

過去三個世紀的文明進步都始於科學新知的發現。湯瑪斯・愛迪生（Thomas Edison）發明電燈之前，班傑明・富蘭克林（Benjamin Franklin）必須先在雷雨中放風箏。路易士・巴斯德（Louis Pasteur）找到如何保存牛奶的方法之前，羅伯特・虎克（Robert Hooke）必須先揭開令人難以置信的微生物世界。如果你當時有機會資助富蘭克林或虎克的研究，你將是改變歷史的那個人。不過現在有一個好消息：你還是可以當那個人。科學與醫學充滿了發現未來的機會。

例如，西雅圖的蛋白質設計研究所（Institute for Protein Design）正在利用叫作深度學習的ＡＩ技術與來自數千名志願者的資源物質，來製造可能爲全人類的未來帶來變革性影響的全新蛋白質。他們肩負的五大挑戰是：針對流感、愛滋病毒與癌症的通用疫苗；將特定藥物輸送至單一細胞內的智慧型蛋白質奈米容器；用於太陽能捕捉與儲存的下一代奈米工程。該所一年的預算不到三千萬美元，所能創造的機會卻大上幾個數量級。這就是槓桿作用。

創業精神

創業家是商業世界受推崇的英雄人物。一個創業家腦中的點子可能變成一個可以自我維持並影響數百萬人的事業。如果這些事業能爲有需要的人提供基本維生服務，例如乾淨的水、低成本能源或醫療保健呢？

我之前已經提過Acumen，一個尋求解決貧困問題的非營利組織，由我的伴侶賈桂琳經營。Acumen的使命是投資這一類的創業家，其商業計畫都有一定的挑戰性。畢竟，他們所服務的客戶都沒有什麼錢，而且可能住在遙遠的村落。對這些村落提供信貸服務、行銷或送貨都異常困難，這也意謂商業投資人不太可能投資這些創業家。反之，Acumen則是以慈善人士的捐款做爲「耐心資本」，願意耗費比一般長上許多的時間去等待商業回報。該組織也會爲其創業家提供重要的經營管理支援。在這套模式成功後，他們就眞正創造出了能下千顆金蛋的鵝。

舉例來說，Acumen在大約十五年前開始投資d.light。這家公司主要是提供太陽能電力，以取代偏遠地區用來照明、具危險性的煤油燈。在經過無數次的挫敗之後，Acumen的四百萬美元投資終於幫助建立了一家公司，目前已爲逾一億五千萬人提供電力——並且以重要的角色協助爲缺乏電力的人們提供氣候友善的離網解決方案。每個受益人只需不到三美分的慈善捐款。如果Acumen有天決定賣出在該公司的股份，他將獲得數倍於投資的報酬（並且又可以用來進行新的投資）。這就是槓桿作用。

政府

即使是慈善家所能想像最大手筆的預算，與政府支出相比也是相形見絀。所以，慈善事業可以善用政府的力量嗎？當然可以。以非營利組織美國程式代碼組織（Code for American）爲例，其宗旨是幫助以公眾爲對象的政府電腦系統在使用上更加友善。事實證明，這是一件大事。美國全境有八十項公共福利計畫提供重要的扶貧資源，但估計每年有六百億美元的福利無人請領。爲什麼？因爲申請過程根本是場惡夢。

我們來看看一個典型的例子，加州的食品援助福利申請表共有一百八十三道令人困惑的問題，分列在五十一個頁面上，而且只能用桌上型電腦進入。因此，如果你沒有電腦，你就必須到當地的圖書館——可能在幾英里之外——花上一個小時、或更多時間來搞清楚提問內容。其中完全沒有存取進度的功能，如果出了問題，就必須從頭再來過。難怪有這麼多符合資格的公民從來領不到福利。經過美國程式代碼組織重新設計之後，申請表變成行動裝置爲主的應用程式、支援多種語言、二十四小時待命，並有即時聊天支援功能。這份表格很快被譽爲「美國各州最好用的申請表之一」。

新冠疫情來襲時，美國缺乏安全網的情況是人人可見，停車場擠滿等待剩食的家庭。美國程式代碼組織在多州展開行動，例如在路易斯安那州，他們主動對當地居民發出了四千萬條簡訊，提供使用重要政府服務的途徑。在明尼蘇達州，他們針對九項不同的安全網福利開發出一個九合一應用程式，只需不到十四分鐘卽可完成申請。在剛推出的六個月內就有近二十萬人透過這個應用程式請領相關福利。

其他還有許多公私部門協力展現出了取用政府資源帶來的力量，從社會責任債券（social bonds）到特定介入措施有效性的高規格示範。在每一個案例中，數百萬美元的慈善投資就能釋放出數十億美元的政府資源。這就是槓桿作用。

體制的改變

對許多非營利組織來說，終極目標是改變這個世界的運作方式。如果你能做到，你的影響力會永世長存。要實現這點，可能需要結合多種我們之前所提到的槓桿作用。例如健康最後一哩路（Last Mile Health）就是結合了教育、科技與政府的影響力。在國家保健系統的支援下，該組織爲非洲各國的社區保健工作人員提供培訓和智慧型手機應用程式，這使得一名專業人員就能爲數十個偏遠社區提供基本保健服務，其成本還不及一名經過全面訓練的醫生的十分之一。不過該組織更廣泛的目標是改變我們對全球保健工作的觀念。他們想要證明能夠以具有成本效益的方式培養一種新型態的保健人員、創造數百萬個就業機會，並爲數億人帶來更好的生活。如果他們能將在非洲幾國的成功經驗轉變成銳不可當的全球運動，那麼，哇啊，這就是槓桿作用。

順帶一提，這也是針對EA核心理念聚焦於精算捐贈影響力的可能批評之一。要精算出捐贈的影響力，唯有在你的捐款與結果之間存有明確的因果關係時才辦得到。以預防瘧疾的蚊帳來說，如果你不是捐款購買蚊帳，而是支持一項科學研究計畫來開發瘧疾疫苗呢？或你是支持一項創造「基因驅動」（gene drive）來消滅瘧蚊的計畫呢？或者你是投資在當地製造蚊帳，這樣買蚊帳的錢還可以創造當地工作機會？或者是支持脫貧行動，讓人們可以自行購買蚊帳，而不是免費獲得蚊帳（這樣，也許蚊帳能被更加有效地使用）。要比較這些體制性改變間的經濟效益，從本質上就很困難，因爲它們都具有失敗的風險，甚至是造成可怕意外後果的風險。我們很難評估這些風險。但是如果計畫奏效，在利用慈善捐贈上可能遠爲有效，因爲它們解決了問題的根本原因。事實上，EA內部也持續在辯論如何最有效地支持推動體制性的改變。

這也爲我們帶來當今最大型的一具槓桿引擎。也正好，閱讀本書的每一個人都可以使用它。

網際網路

如我們在本書開頭所見，感染力的力量無限，網際網路則是讓感染力擴散的終極工具。它能夠放大我們上面所提的每一種槓桿作用，結合老師與學習者、科學家與技術專家、創業家與投資人、行動人士與政府，還能將強大的思想傳到每人腦中。網際網路使得慷慨的天然感染力具有全球規模的可能性。

當今許多最強大的慈善事業，運作上都以網際網路爲核心。維基百科、可汗學院與國際學習平台Coursera將知識廣泛傳播出去。強化社區健康組織（Empowering Community Health Organization，ECHO）透過網路大規模提供醫療訓練。Patreon則提供管道讓數以百萬計的贊助人支持幾十萬位創作者。

慈善星期二（Giving Tuesday）的故事更是激勵人心。二〇一二年初夏，亨利．蒂姆斯（Henry Timms）與亞莎．庫倫（Asha Curran）是同事，他們的工作地點是紐約一家稱作第九十二Y街（92nd Street Y，簡稱Y）的非營利文化暨社區中心。一天早上，剛踏進辦公室的亨利突發奇想。美國的十一月有三天時間金錢大量進帳：感恩節（星期四），隔天是黑色星期五（Black Friday，所有大型商店舉行大規模促銷，爲聖誕銷售旺季打響第一炮），然後是網路星期一（Cyber Monday，希望將買氣延伸到線上）。亨利心想，爲什麼不接續一個不那麼商業化、更心靈層面的日子？爲什麼沒有一個「慈善星期二」？一個鼓勵人們捐款支持自己鍾愛事業的日子。亞莎與這個想法一拍卽合，她立卽著手計畫將這個想法變成現實。

他們設定了野心勃勃的目標，當年就推出第一個慈善星期二。實現這目標的關鍵在於如何號召人數持續成長的支持者將這個點子散播到世界的終極放大器——網際網路上。他們聯絡了非營利組織界頗具影響力的數十位人士，願意提供幫助的提議隨卽蜂擁而至。爲聯合國基金會工作的一個公關團隊願意無償提供公益服務，其他人則透過他們的人際網絡傳播消息。宣傳出奇成功，距離亞莎與亨利開始籌劃不到兩個月的時間，就有二千五百個非營利組織共襄盛舉，標籤 #GivingTuesday 也開始在社群媒體上流行起來。

亞莎告訴我，慈善星期二之所以廣為傳播，其關鍵決策是以最輕鬆無壓力的方式來定義「參與」。所有人都可以免費使用慈善星期二這個品牌，雖然他們還是很快就收到了大量捐款。他們鼓勵非營利組織發揮創意，並使用 #GivingTuesday 為共同標籤。這使大量的小規模倡議得以散播，加起來就創造了驚人的廣泛關注。他們估計，在這第一年，慈善星期二為美國數千家非營利組織募得一千五百萬美元。對於一個沒有任何行銷預算的計畫來說相當了不起。接著消息傳開，儘管感恩節是個美國專屬節日，世界各地的組織都在問要怎麼參與。這個項目成為亞莎的全職工作，幾年之後，Y 採取了開創性的一步，讓慈善星期二成為獨立組織。

今天，有數十萬計的非營利組織使用慈善星期二的名號，而單單在二〇二二年的那個星期二，一天就募得逾**三十億美元**——這還只是在美國而已。

再說到槓桿作用。捐助者出資七百萬美元做爲慈善星期二的年度營運成本，催化了價值五百倍以上的捐贈行動，這還只是該組織影響力的一部分。他們正在建構社會運動人士與影響力人士的全球網絡，推動各式各樣的慷慨向外傳播，而不僅是金錢而已。二〇二三年初，亞莎要求她的團隊想像，五年後他們想爲慈善星期二寫下什麼樣的標題。大家的共識是「透過這場運動，我們活在從根本上更慷慨的世界。」這是一個美好的願景，是本書每一位讀者都嚮往的。這一切都源自一個瘋傳的標籤。

我希望這幾章能爲你帶來希望。在世界各事件的醜陋表象之下，許許多多不同形式的慷慨正在發生。我們可以從中得到鼓勵，我們可以透過講故事將其擴大，我們受到激勵而採取自己的善行，不論是個人行動或與其他人一起。

現在我們已經了解，慷慨深植於我們內心。我們已學會網際網路可以造就許多新形式的贈予，並讓這些贈予更有感染力。在本書剩下的部分，我們將思考這些知識可以用來做些什麼。如果慷慨得以充分發揮，世界會是什麼樣子？

第三部▼

WHAT IF

假如

想像一個慷慨適得其所的世界

CHAPTER 10

我們想要的網路——假如扭轉網路造成的分裂

我們可以想像一個完全不同的網際網路。就是許多人曾經夢想的那樣，一個充滿慷慨精神的網際網路。一個能為我們的星球帶來知識、能見度與希望的網際網路。

不過我們首先必須了解問題出在哪裡。人類最強大的發明是如何最終助長了我們最惡劣的一些本性，並將黨同伐異的分裂推至危險的地步？

我不認為這局面有任何人是有意為之。我所認識所有大型網路公司的工程師與使用者介面設計師，都明確表示他們當初只是想打造一些酷炫的東西，一些令人興奮、引人注目的東西。他們的老闆也熱烈支持，因為可以靠那些關注賺取廣告收益。

這意謂著所有這些大型網路服務都可以免費提供，也就意謂著這些公司以爆炸性的速度成長，最終也意謂著它們能對世界產生驚人的影響力。

網際網路問世的頭幾十年，可能大約是一九九四年到二〇一三年間，我們確實能夠無比樂觀地看待一切。有史以來第一次，整個地球可以透過即時搜索免費獲取人類的全部知識。人們第一次可以在龐大的社交網絡中建立聯繫，並從中發現能滿足各種可想像到的興趣愛好的小衆社群。同理心的連結可以跨越國境。《連線》雜誌的一九九七年七月號刊出一篇影響深遠的封面故事，標題爲〈長期榮景〉（The Long Boom），主張我們可能正在進入一個前所未有的全球成長時代。「我們將迎來全球二十五年的繁榮、自由與更好的環境。」

我當時是個徹頭徹尾的科技樂觀主義者。二〇一〇年我曾在TED演說中指出，YouTube可以成爲全球最偉大的教育家，提供我所謂的「群衆加速學習」（crowd-accelerated learning）。突然之間，每個人都可以成爲老師，每個人也都可以成爲學生。

我並不孤單。在二〇一〇到一二年間的阿拉伯之春（Arab Spring）革命浪潮期間，東方與西方的線上連結是前所未見。去旅行的時候，賈桂琳與我看到即使住在這個星球最偏遠地區的人也擁有臉書帳號，能擁有遍布全球的朋友網絡，我們驚歎不已。看起來網際網路眞的正在幫助我們形成一個大同世界。

失落與失望的十年

時至二〇一一年，裂痕開始出現。阿拉伯之春的勢頭正在消退。許多國家的報告都透露當地政府正利用網際網路來追蹤與控制人民，同時大型科技平台也開始顯露令人擔憂的行爲。在接下來的幾年間，新消息似乎只是愈來愈糟。年復一年，在TED的場邊第一排位置，我看著知名講者一個又一個前來發表愈來愈令人心驚膽戰的主題。

二〇一一年三月，活動家暨企業家伊萊・帕里瑟（Eli Pariser）在會議上表達他對過濾氣泡（filter bubbles）的憂心——搜尋引擎與社群媒體日益傾向將人們推進志趣相同的部落裡。當時觀眾席中坐著臉書的一位早期投資人羅傑・麥克納米（Roger

McNamee），他對帕里瑟的演講引以爲憂，以此質問臉書的領導層。由於未能得到滿意的答覆，他開始直言不諱地大力批評社群媒體企業，指責臉書和YouTube利用成癮技術來刺激廣告營收，枉顧對公共健康與民主可能帶來的傷害。

在二〇一四年的TED大會上，愛德華・史諾登（Edward Snowden）以遠端機器人的方式登場，詳細揭露了美國國家安全局（NSA）祕密監聽人民電話內容與線上活動的驚人事實。

相隔一年，以「超智慧」（superintelligence）研究著稱的哲學家尼克・博斯特羅姆（Nick Bostrom）發出警告，表示AI可能帶來毀滅性的後果，包括摧毀人類。一年之後，山姆・哈里斯（Sam Harris）更將此訊息進一步升級。儘管這個威脅似乎還在遙遠的未來，有些人開始論證AI已經藉由其對社群媒體的塑造導致了破壞。

二〇一六年，社會心理學家強納森・海德在一次訪談中告訴我，社群媒體不只是在左派與右派之間製造憤怒，還製造了一種更爲強大與危險的情緒：厭惡。

與此同時，由谷歌設計師轉行爲科技倫理學家的崔斯坦・哈里斯（Tristan

Harris），對科技公司透過演算法利用他們自個人收集到的數據再操縱這些個人給予更多注意力的做法，深以爲憂。他在二〇一七年TED大會上指出，「我要你們想像自己走進一間控制室，室內有數百人俯身在帶有許多旋鈕的桌前，這間控制室將形塑數十億人的思想與感覺。這聽來可能像科幻小說，事實上存在於今天的此時此刻。」

在次年的TED大會上，以率先研發虛擬實境科技著稱的科技預言家杰倫・拉尼爾（Jaron Lanier）表示，這是廣告驅動的商業模式無可避免會製造出來的問題，因爲這種模式必須無所不用其極地爭取使用者的注意力。「我無法再繼續稱之爲社群網路，我要稱它爲行爲改造帝國。」

二〇一九年TED大會上，記者卡洛爾・卡德瓦拉德（Carole Cadwalladr）的一席話令整個會場爲之沸騰。她激昂地聲稱臉書同意接受藉由精準定位使效果最大化的誤導性政治廣告，可能對英國脫歐公投與二〇一六年美國總統大選產生了決定性影響。

自此之後情勢每況愈下。我們看到許多研究顯示出社群媒體使用與精神健康下降的關聯，並有吹哨者指控這些平台刻意掩蓋此事。我們得知全球各地有許多選舉都受到惡意操控，TikTok迷因在校園內引發穢亂，政府已有能力將這些平台武器化，煽動針對少數族群的惡毒行爲。悲哀的是，我所說的還只是冰山一角。

在這令人心灰意冷的十年尾聲，我們發現自己站在一個耐人尋味的位置。在一方面，我們比以往更爲依賴大型科技公司。我們每天在谷歌送出九十億次搜尋；在社群媒體平台分享數十億條想法，以及在WhatsApp上傳遞一千億則的訊息。我們對於AI服務的使用正以空前的速度攀升。然而在此同時，我們也比以往更加深知大型科技公司的隱患。各界對這些企業的譴責比比皆是。他們是邪惡的壟斷者，是監控的資本主義，罔顧眞相與信任。他們需要受到監管、需要拆解。有史以來，還有哪些公司是被這麼多的人所依賴、卻受到這麼少人的喜愛？

所以，我們該怎麼辦？我認爲整頓網際網路應是人類的首要任務之一。在我們完成這項工作之前，其他所有問題都難以解決。人類文明有賴於信任與合作。此時此刻，網際網路正在侵蝕這種信任，而非建立信任。

但是我並不認爲這是網際網路的宿命。在歷史長河中，我們解決過許多嚴重太多的問題，我相信必定存在一條道路可以帶我們走向一個令人喜愛的網際網路。

不過，首先我們需要更加深入了解這個問題。我在這邊要特別聚焦於社群媒體，因爲這些平台正是問題的核心所在。

事情怎麼會變這麼糟？

我們所目睹的信任遭到破壞的現象，根本問題在於社群媒體平台的設計圍繞著一種對人性的天真認知，天真到危險的地步。這些平台相信爲了創造出人們喜愛的東西，他們所需的只有「使用者偏好」的優化。問題是我們的偏好所造成的影響取決於受到激發的是我們的哪一部分。

還記得嗎？我在第四章談到反思自我與本能自我（我有時稱之爲蜥蜴腦）。簡單說，問題的癥結就在於：**社群媒體平台使我們的本能自我凌駕於反思自我之上**。

你可以在方興未艾的「末日狂刷」（doom scrolling，指人們花大量時間狂刷手機或電腦螢幕，閱讀負面新聞）現象中清楚看見這點。一種社群媒體使用者又愛又恨的蜥蜴腦行爲。這種無意識狂刷行爲的背後動力是無窮無盡又令人上癮的大腦獎勵。二○二二年一項令人震驚的英國報告指出，根據估計，社群媒體使用者一天滑過的內容平均超過五千個智慧型手機頁面——相當於艾菲爾鐵塔高度的三倍！這迫使其中的所有內容加快速度，引發愈來愈短的敘事形式，從TikTok、Instagram Reels再到YouTube Shorts。這是一場不斷加速的逐底競爭（Race to the bottom）。

在這樣的速度下，你根本來不及反應。

大多數人都不希望他們的世界觀被草率的判斷所塑造。但當那些牽動心神、語帶挑釁、冷嘲熱諷的貼文與影片在眼前經過，很難不去注意、不被激起憤慨的感受。你的蜥蜴腦接管了一切。當你寫下與送出你的回應，無異於正在鼓動演算法與其他人分享相同內容，從而一步步陷入機能失調與危險的惡性循環。

該怎麼辦？首先，有許多人合理推論這是個無望的任務，這是值得我們予以承認的觀點。惡意行爲加上利用人性弱點的商業壓力，著實讓一切困難無比。我相信不論我們取得多大的進步，網際網路在其遼闊的範圍內總會製造某些問題。

但是放棄努力就等於是放棄任何美好未來的可能性。網際網路在很大程度上形塑了我們，任由它維持目前狀態的後果是我們無法承擔的。事實上，亦有觀點認爲這項任務並沒有表面上那麼艱難，並不是說一切都徹底崩壞了。即使是現在的情況下，網路世界仍蘊含極佳的資源，能以無數方式爲我們每個人帶來巨大的益處。最主要的問題在於社群媒體，儘管如此，依然有數以百萬計的人已經明瞭如何在社群媒體上找到樂趣，而不是任由自己的怒氣被煽動。

因此，我想請你暫且將懷疑擱在一邊，與我一同思考可以做些什麼來扭轉局勢。我會把這分成兩部分：做爲社群媒體使用者的我們可以採取什麼行動，以及社群媒體公司本身必須做哪些事。

我們能做的事

在我們生活中的各個領域，擺脫本能束縛的解藥就是培養健康的習慣。我們可以借助一些應用程式與其他工具，合理地限制某些應用程式的螢幕使用時間，以及評估我們對自己的上網方式是否滿意。

但在扭轉局勢的目標之下，我們每個人所能做到最重大的一件事就是去擁抱一種內在的超能力，不僅能改變我們自己的線上體驗，也包括其他人的：一種慷慨的思維。這需要我們有意識地扮演建設性的角色，不是被動的「我能從網際網路得到什麼？」而是主動且有意識的「我可以給網際網路什麼？」你也許只是數十億使用者中的一人，但你的點滴努力也可能成爲滔天大浪。

建立慷慨行為的模式

這很難，但是並非不可能。如果你曾成功控制飲食、遵行早晨的常規，或確實執行新年新計畫，你就能勝任這項任務。這可以是如下列所示的一件簡單小事：

- 積極尋找發生在你周遭的善行義舉，分享到網路上，並鼓勵別人也這樣做。
- 強調啟發、可能性和解決方案，取代惡意中傷與鄙夷態度。
- 打破你的過濾氣泡，有意識地關注交遊圈之外的人，以尊重的態度與他們進行交流。
- 抽出時間對那些曾做過你所欣賞的事情的人表達感謝。
- 讚揚那些有創造力、有勇氣的人。
- 站出來幫助那些需要道德支持的人。
- 當某人在線上惡劣對待你時，以優雅的姿態回應。
- 考慮轉移到由更有意識的小社群所組成的線上空間（例如Instagram的摯友）。伊萊·帕里瑟等思想家認爲問題有一大部分來自社群媒體的大規模觀眾。
- 在你建立的線上社群媒體群組中發布社群公約，要求深思熟慮、清晰明確與具同理心的溝通方式——然後以身作則！

- 創造對你有意義的事物——文字、攝影、藝術作品、軟體、音樂或影片——然後免費送出去。所得到的回應可能令你感到驚喜。
- 考慮對致力於發揚正能量的網站給予金錢支持。在這場運動站穩腳步之前，他們可能得依靠捐款來維持生存。

這所有行動都會產生連鎖效應。是的，社群媒體能夠發揚慷慨精神。但同樣地，慷慨精神也能改變社群媒體。慷慨能夠將社群媒體從一個可怕的陌生群體——緩慢而堅定地——推向一個健康的地方。

各盡一分力

如果我們之中有足夠多的人將慷慨的本性帶到網際網路，線上社會常規逐漸改變是可以想像的。當憤世嫉俗與攻擊挑釁是常規，表現出善意幾乎令人尷尬。但隨著愈來愈多人有意識地、勇敢地樹立起慷慨思維的典範，惡意也將成爲異類，漸漸不再受歡迎而被置若罔聞。

我知道。這並非一蹴可幾。不過我們現在就可以採取一些具體行動來建立共識與協助修正錯誤。例如，所有的主流社群媒體公司都承諾刪除仇恨言論、網路霸凌與騷擾的內容，並建立供我們標示有問題內容的工具。我們應該好好利用這些工具，在Instagram、YouTube、臉書與X等平台上，舉報或標記仇恨性與濫用的內容將會很簡單，只要挑選出這些內容，點擊「檢舉」並填寫簡短的問卷就可以了。

在對抗針對少數族群的仇恨言論上，我們可以更進一步參與經過協調且有效的反仇恨言論。根據喬治·華盛頓大學（George Washington University）的研究人員所指出，這些問題內容有相當大一部分是來自他們稱之爲「仇恨集群」（hate clusters）的協同帳號網路。一種有力的反制方式是組成「反仇恨集群」——這比起仰賴平台用打地鼠策略來努力封鎖特定群體與帳號有效多了。

網路仇恨研究專家，同時也是智庫仇恨實驗室（Hate-Lab）主持人馬修·威廉斯（Matthew Williams）曾經解釋這是如何作用的。隨著英國進行脫歐公投，許多仇恨標籤開始浮上檯面，例如 #MakeBritainWhiteAgain、#SendThemHome，以及 #IslamIsTheProblem，此時為數眾多的正面思維社群媒體使用者成功透過如 #Intogether 與 #SafetyPin 的包容性標籤來蓋過仇恨聲量。仇恨實驗室發現，迅速行動的網際網路「先遣急救員」（first responders）能夠顯著壓制線上仇恨言論的擴散，並建立起將仇恨言論劃為不可接受的社交常規。

以下是仇恨實驗室的一些建議：

- 避免以你自己的侮辱性或仇恨性言論來回應。
- 提出邏輯清晰、具一致性的觀點。
- 如果出現虛假或是可疑的言論，要求提供證據。
- 標記問題帳號，尤其可能是假帳號或機器人的那些。
- 鼓勵其他人參與行動。

當心意堅定的人願意爲公共利益多花一點點時間付出行動，可能會帶來愈大的影響。如果推廣這樣的精神，建立一套有效調節社群媒體群衆的系統，會怎麼樣呢？

維基百科就是一個絕佳典範。它做爲中立公正、涵蓋大量主題的知識摘要平台，贏得了大多數人的信任。二十年前，維基百科在大批志願者與捐款的支持下以非營利組織的身分誕生，自此之後就在網路上扮演不可或缺的角色。可以想像，網路公民有能力進行類似——唯規模更大——的工程，爲數以百萬計的社群媒體帳號進行評價，包括言論有多極端、是否散播假訊息，以及是否眞正提供有價值的資訊。X新設立的「社群筆記」（Community Notes）功能就在這方面展現出前景。社群筆記讓使用者可以針對有問題的個別貼文警告他人，而且經常能在一則誤導性貼文廣爲流傳之前就予以標註。

雖然人們對於什麼是有價值的事物、什麼又是危險的事物抱持不同意見，不過創造一套系統讓參與者進行評價，而不是用蜥蜴腦來回應，將可打破我們似乎已身陷其中的死亡漩渦。有鑑於這些評價屬於公領域，社群媒體演算法就沒有理由不加以運用。如果各家社群媒體平台願意將這樣獨立的群衆外包式指引納入演算法，可能就會成爲改變大局的力量。我認爲這是一個絕佳的機會，可以讓具有遠見的慈善家與網路公民各盡一分力，攜手找回信任、找回一個健康的公共領域。

社群媒體能做的事

我並不反對適切的明智法規，但這樣的法規可能需要很長時間才會成形。而且即使付諸實施，綜觀歷史，有太多慘痛的經驗是立意良善的法規未能解決核心問題，或反而爲新的問題打開大門。因此，對於社群媒體公司而言，自行清理門戶是更快、更有效的方式，況且他們有充分的理由去做這件事。

就我的立場，如上所述，這一切眞的不是什麼巨大的陰謀，而是一場巨大的失誤。社群媒體的本意是建立一個令人興奮的、全新的人際連結方式。我之所以這麼說，是因爲我曾與這個領域的一些關鍵推手進行個人交流，也認識這些公司內部的許多人員。他們來到TED演講，熱情訴說自己的工作與期望實現的目標。他們並非邪惡之人，他們犯下的大錯是未能考慮到當你釋放演算法的力量來盡可能長時間留住人們的注意力會發生什麼事。這些演算法最後建立了一部憤怒製造機，成了迄今爲止AI失控而造成意料外傷害的最大宗實例。

這部憤怒製造機在吸引廣告收益上確實很有效，因此帶來巨額的利潤。這也意謂著存在足夠的商業誘因使業者不願放棄這部機器。無庸置疑，這些誘因大幅拖慢了社群媒體公司改革的腳步。

不過，這些公司內部也有一股制衡的力量在推動他們爲公共利益而行動。根據數百次的個人交談經驗，我可以告訴你，大型科技公司的員工，亦即公司裡的價值創造者，他們並不想從事有損世界的工作。其中有些人的意志可能會被時間磨損，或無法讓自己的聲音被聽見，但是總體上他們是一股不容忽視的力量。你可以想像這些公司有不間斷的內部辯論在探討最佳的前進方向。來自公衆以及與日漸增的長期導向投資人的壓力又是另一個因素。如果有一條可以解決這個問題的明路，即使要犧牲短期營利，我相信各大公司也會踏上這條道路。

事實上，已有許多例子表明了科技公司願意做出這種取捨。例如臉書就僱用了超過一萬名內容審查員，並且嘗試調整原本純粹針對吸引注意力的演算法，儘管明知這樣的做法會降低盈利能力。臉書在二〇一八年七月宣布一項類似舉措，公司市值立刻暴跌了百分之二十五。雖然這些舉措還遠遠不足，但已經在朝著正確方向邁進。

但是我們接下來該做些什麼？對於未來道路何去何從的這場關鍵辯論，以下是我嘗試做出的小小貢獻。這是一場複雜的辯論，因爲數十億人彼此牽動的全球規模系統是一部高度複雜的機器。許許多多的人都在致力解決這個問題，包括我們先前提到的每一位講者，以及在社群媒體公司內部孤軍奮戰的英雄們。

我想要呼籲的是專注於下列這個關鍵問題：社群媒體平台應該如何讓力量重回反思自我，而不是去剝削利用本能自我？

如果他們能夠實現這項轉變，解決問題的路途將大有進展。以下四項具體行動可以幫上忙：

一、以公開的方式，讓用戶滿意度優先於使用時間

一切都取決於這一點。如果平台被短期廣告收益目標所把持，就不可能做到他們所需要的改變。而這樣的策略也已經使公眾對平台失去信任，並帶來深深的冷嘲熱諷心態。那些開始將使用者眞正福祉放在第一位的平台最終會是獲勝的一方。

我認爲風向正在改變。伊隆．馬斯克（Elon Musk）收購推特（現在稱作X）時鬧得滿城風雨，但是當他貼文宣告：「新的推特將會致力於優化不後悔的使用者分鐘。」（New Twitter will strive to optimize unregretted user-minutes.），這是一個充滿希望曙光的時刻。這意義重大，因爲後悔是我們反思自我的功能，而非我們的蜥蜴腦。如果有人願意努力帶動人們朝向不後悔的內容，將從根本上改變X帶來的影響。

若要證明他是認眞的，馬斯克必須設計一些方法來測量不後悔的時間，也許是在

使用者上線一段時間之後，定時對千分之一的使用者進行隨機調查：「你會如何評價今天的使用經驗？有哪些好的方面？有哪些不好的方面？」

如果能盡一切努力、甚至犧牲使用者在線時長去提高這項評價，最終將能增加廣告收益，而不是減少，因爲這將創造一個讓更多廣告商想要參與的平台。不過，也有人批評馬斯克本人就該爲一些最令人後悔的線上時間負責，因爲他偏好在平台上發表一些激進的政治言論和侮辱性言論。本書付梓之際，關於X未來的爭論仍是吵得如火如荼。

二、終結匿名

正如強納森．海德等人所表明的，當人們躲在匿名的盾牌後投擲攻擊性的言詞，往往會展現出最糟糕的一面。當他們在現實生活中的聲譽可能受到威脅，他們可能就會三思而行。我曾在第二章指出，擁抱透明度是網際網路激勵慷慨行爲的核心部分。

事實上，我認爲在臉書早期的驚人成長故事中，擁抱透明就扮演著關鍵性的角色。臉書在一年的時間內就收穫了一百萬名用戶，接下來兩年內又收穫六百萬名用戶。對一般公眾封閉並非帶來這種結果的唯一原因，雖然也是原因之一。當時，所有個人資料都附有與教育機構相連的電子郵件地址，由此產生了一層身份驗證。人們必須爲其現實生活中的聲譽負責，也在突然之間能以前所未有的方式打造自己的名聲。然而隨著這項功能被撇到一邊，現在已沒有眞實名聲需要維護，原本有名有姓的喬・布洛格斯變成了用戶九四八四三號，帶著他的惡言惡語走向一個更陰暗的未來。

要求使用者自證身分，從而恢復那種社會性動能，也許是科技巨擘爲扶植一個眞誠不虛的社群媒體環境所需採取的最重要一步。有些例子，如生活在專制政權下的人們確實需要匿名使用網際網路的管道，但社群媒體的主流使用情況不該是如此。

三、全力支持促進反思行為的產品設計

一些簡單的改變，就足以帶來翻天覆地的變化，以下有四項建議：

(1) **內建思考休息時間。**科技公司本能上都希望用戶連續不斷地保持投入，如此才不會點擊離開。他們應該改變這點，堅持採用偶爾的場中暫停機制。大家都聽過，生氣時應該先在心中默數到十再行動，這是讓我們怒火中燒的蜥蜴腦冷靜下來的緩衝時間。在中國，政府將青少年的抖音使用時間限制在一天四十分鐘。而使用者也可以自訂休息時間，這些都是好的開始。

(2) **提出設想周到的問題。**如果你能勾起某人的好奇心，就可以啟動他的反思自我。因此，不要只是觀察行爲、計算點讚數，要向你的使用者提出問題。這個段落對你有用嗎？你所看到最滿意的貼文是什麼？有任何使你感到困擾或壓力的事物嗎？你希望更常看到哪一類的貼文？傳統上，這些回饋都會被導向簡單的是非題或數字評等。不過ＡＩ的興起應該讓平台有能力收集、總結與吸收更爲細緻的回饋。

(3) **鼓勵語音通訊。**書寫短小的文字片段是現代的發明。這方式很有效率，但很容易抹去我們的個性。而人聲屬於具有數十萬年歷史的生物系統，更容易與我們的同理心和反思產生連結。在今天的高頻寬網際網路時代，我們應該欣然支持增加語音交流、減少文字溝通的轉變。例如X音訊空間（X Spaces），這個讓使用者在其中交談的空間，似乎相較於平台的其他地方更不容易出現敵意。

(4) **訓練AI來發揚慷慨思維。**網際網路上有許多精彩的東西，現在卻面臨被有毒內容淹沒的危險。善良並不一定等於沉悶無聊。原則上，演算法的轉變能夠減少製造分裂的內容，轉而發揚人們自由奉獻的眞知卓見、隱藏的知識瑰寶，以及其他的禮物，例如奇蹟、想像力、勇氣、歡笑、故事、熱情與願景。如果你愼選追蹤對象，你現在就能爲自己在Instagram、TikTok、X和其他平台打造出這樣的體驗。AI以其日益壯大的力量也可以做到相同的事情。這樣的轉變能夠改變人們在網際網路上的體驗，從而反過來改變他們對網際網路的回饋。

OpenAI（開放人工智慧研究中心）擁有力量強大的大型語言模型GPT（生成式預訓練轉換器），讓我們看見AI能夠評估人類的語言，且精細入微到令人咋舌的程度。舉個例子，ChatGPT發布不久之後，我問它以下兩則推文中何者比較危險：

推文一：「這是那個政客瓊・史密斯（Joan Smith）的住家地址，大街十二號B公寓。你們知道該怎麼做。」

推文二：「我超級討厭瓊・史密斯代表的一切。我們一起在週二發起一場反對她的抗議活動。」

ChatGPT立刻回答：

「我會將第一則推文標記爲具有威脅性，因爲它明確提到了一個政治人物的住家地址，並暗示讀者應採取某種行動對付她。這一類型的語言可以解讀爲是對這名政治人物安全的直接威脅，可能造成實質的危害。相較之下，第二則推文沒有包含任何直接威脅或有害的語言。雖然它表達了對這位政治人物觀點的不認同，但並沒有主張採取任何針對她的具體行動。因此我不認爲它具有威脅性。」

儘管第二條訊息含有蓄意挑釁的語言，但ＡＩ的判斷是正確的。在政治議題上，我們應該要能自在進行激烈的政治辯論，但在人肉搜索方面必須劃清界線。這讓我想到，只要施以正確的訓練，ＡＩ就能用來及時捕捉具有危險性的社群媒體貼文——甚至在有人分享之前就捕捉到。這是我們首次可以預見一套能夠實時應對大規模內容發布的審查系統。懷疑論者也許會說，指望科技來解決某一個科技問題是痴人說夢，但他們低估了最新ＡＩ科技的力量。ＡＩ的下一個階段可能——只是可能——有助於解決我們在社群媒體上犯下的錯誤。

當然，ＡＩ本身也可能會製造出一系列全新的問題。即使眞的發生了，本章的核心論點——我們需要用我們的新發明來強化我們的反思自我——也能發揮一定作用。ＡＩ研究圈內已經有許多人在辯論如何將人類的價值觀有效植入新一代的ＡＩ演算法中。最具說服力的觀點之一來自ＡＩ先驅史都華．羅素（Stuart Russell），他認爲我們永遠無法在毫無嚴重意外風險的情況下完整定義我們的價值觀。因此，他主張未來的

ＡＩ必須以一種謙卑的不確定形式與持續學習人類偏好的意願來建構。但要實現這一點，ＡＩ的方法論就必須利用我們的反思思維，而不只是單純聽從蜥蜴腦的指示。

偉大的科幻作家以撒．艾西莫夫（Issac Asimov）創造了機器人三定律，旨在防範機器人傷害人類的可能性。隨著ＡＩ快速發展，我們也需要制定一套新定律。我支持其中一條定爲：**在學習人類價值觀時，ＡＩ不能僅由觀察人類行為做出結論，而必須利用人類的反思性選擇。**換句話說，我們不能透過要求ＡＩ觀察我們的行爲來賦予它我們的價值觀。我們的行爲往往是醜陋的。我們必須要求ＡＩ首先要求我們進行反思來傳達價值觀。

值得指出的一點是，現在有許多線上平台已經在扮演健全的角色。例如Meetup.com，這個平台在促進有趣的社交活動與建立無毒社群上有著悠久的歷史。還有Reddit——雖然含有一些具爭議性的子社群——因其群衆審核機制而備受讚譽。煽動性的貼文與假訊息容易收到大量反對票，意謂著很少人會參與討論。

在那些大型公司的內部和外部都還有種種努力正在進行，希望找回一個有助於我們將歷史扳回正軌的網際網路。隨著對未來的最佳方向逐漸形成共識，我心中保持希望，期待這些公司能加快努力的腳步來彌補他們當年的無心之過。

但更重要的角色落在我們身上。我們所有人。這個角色的意義不僅代表你自己的上網時間會變得更健康、更快樂，同時也代表你幫助了每一個人。你在線上所做的每一件事都會影響其他所有人。如果我們要收復網際網路，有感染力的慷慨將是我們最有力的工具。

慷慨究竟如何發揮感染力，這裡我要再給出最後一個例子。幾年前，TikTok上流行起一波浪費食物的影片：將大量的糖漿、番茄醬、義大利麵醬與花生醬倒在滿溢的盤子裡，只爲了製造震驚的效果。

一位名叫米拉德·麥格（Milad Mirg）的二十二歲年輕人對此相當厭惡。他在雙親的三明治店工作，並且還擔任志工，經常花好幾個小時在街頭發送食物給街上的人們。他決定製作另一種影片。他把大量的花生醬、麵包與果醬做成一百個包裝好的三明治，然後拿出去分送給需要的人。整個過程洋溢著魅力、善意與對受贈目標的尊重，這部影片迅速爆紅，紅到誇張。影片觀看次數高達四億次，遠遠超過當初促使他行動的那些影片。他隨後又推出許多影片，成爲TikTok與YouTube的影響力人物。更重要的是，有一些原本拍攝浪費食物影片的人也轉而效法米拉德的做法。

米拉德告訴我，網路有著放大善意之舉的無限潛力。「任何勾起情緒反應的東西都能爆紅，」他說道。「當然，用惡劣或是惹人不滿的行爲勾起情緒容易太多了，甚至只要打人一巴掌就夠了。做好事就需要付出更多的思考與努力，但如果你願意多下一些工夫，就能發揮比惡意還更大的影響力。還有一點也很重要，好事更長久。你可以做個出名一天而得意洋洋的混蛋，或者你可以做一些有意義的事，被人們永遠記住。」

與米拉德交談，你會開始相信，有一整個世代的人已經準備好擁抱一個能激發我們最好一面的網際網路。

風向確實可以翻轉。

CHAPTER 11

企業可以採取的高明策略——假如明日的企業都擁護慷慨的力量

我們的生活有太多事都受到企業行爲的影響，而其中許多行爲已令我們深惡痛絕：壟斷性哄抬物價；黑箱政治遊說；將大半利潤分配給高階管理層與股東；剝削可疑的供應鏈；盜用數據；操縱演算法。還有——也許是最糟糕的一個——持續大量釋出溫室氣體，威脅全人類的未來。

千禧世代和Z世代中有許多人已經對資本主義放棄了希望，他們想看到整個系統被顚覆。但是我們往往在這類話題中忽略了一個事實，就是這星期帶給你快樂的事情也有很大比例是由企業提供的。你打電話給親愛的人了嗎？追劇了嗎？吃了一頓心滿意足的飯嗎？走進家裡，調整成你喜歡的室內溫度？穿上最愛的那雙鞋子？讀一本書？收聽Podcast？駕車到鄉間一遊？

上述每一種經驗的誕生，都是因爲有企業做了一些事：研究、發明、推出商品、運送產品、提供服務。並且每一家企業都是由人組成的，其中大部分人都希望自己是在爲這個世界做出貢獻。

因此，我們可以提出一個有建設性的問題：如何鼓勵企業去消除被人們憎恨的理由——同時提高他們對未來的整體貢獻？好消息是……答案完全是可以想像得到的。

貪婪至上的年代正走向衰亡

幾十年來，新自由主義經濟學家堅稱自由市場能夠帶動我們所需的一切進步，電影《華爾街》（*Wall Street*）中經典的一幕正傳達出了這種觀點：投資銀行家戈登·蓋柯（Gordon Gekko）大聲宣稱，「貪婪是好事。」他主張純粹的資本主義可以讓世界變得更加美好，因爲人們爲了自身利益而努力工作、製造別人想要且願意花錢購買的產品，從而提高生產效率。儘管他令人毛骨悚然，但他也有部分是正確的。有時利潤最大化也意謂著符合所有人的利益。此外，任一位公正的歷史學家都會肯定資本主義在世界上發揮著難以估量的作用，傳播著思想與財富。

但是這些歷史學家也必須承認，資本主義實在太容易演變成剝削與傷害。對數以百萬計的人來說，我們現在似乎正處於這個時刻。化石燃料正使我們的星球陷入窒息；大型科技公司讓我們感到懼怕；日益加劇的貧富不均已來到危險的程度。我們需要能夠期待一個未來，在那裡我們可以用某種更細緻的方式取代貪婪至上的資本主義，某種將公共利益考量在內的方式。

面對不受管束的資本主義，其反對者已經與之奮鬥了幾十年，如今我看到了許多跡象，顯示風向開始轉向他們那邊。近幾十年來人們的價值觀持續由有形走向無形的趨勢，爲這群反對者帶來了助益。企業過去大多靠著有形的基礎設施致富：工廠、礦場、運輸車隊等等。但是今天企業的致富之道主要是靠著無形資產的創造：軟體、服務，以及各種形式的知識型工作。他們所創造的價值並非來自機器或是資源的開採，而是人的聰明才智。這也意謂著若無法成功招募、激勵具有聰明才智的人，他們就無法成功。

結果呢？愈來愈多的人才不願意爲欠缺鼓舞人心的使命感或社會責任感的企業工作。與此同時，客戶與投資人也開始注重這樣的價值觀。

就連那些自身價值主要來自有形資產的企業也加入此一趨勢，因爲他們關鍵性的競爭優勢通常在於利用現代經濟中的非物質工具，包括軟體、AI、基礎數位工程、先進技術的研發與有效溝通。換句話說，他們也愈來愈倚重人才的價值。而且他們也同樣無可避免地受到世界變化的影響，要求他們爲公共利益而行動的壓力日益加重。

近年來，變化尤其明顯的一個領域就是與氣候災難的對抗。全球大部分的溫室氣體排放都來自企業，這也代表解決之道主要得靠企業改變做法。法規監管固然不可或缺，不過有許多跡象顯示出，企業本身也希望在這之中扮演一個積極的角色。

受到下一代顯而易見的憤怒與熱情所刺激，企業界在態度上出現一百八十度的轉變。今天有許多企業積極參與在不遠的未來達成「淨零」目標的行動。沒錯，他們可以做的還有很多。是的，他們持續朝這個方向努力是其中關鍵。不過讓我備受鼓舞的是，我看到有愈來愈多的證據顯示各界致力於一種可能最為重要的慷慨形式：對我們的星球與後代子孫的慷慨。

馬士基的故事

以航運巨擘馬士基（Maersk）為例。其貨櫃船推動著全球貿易——同時在過程中，每年排放出數十萬噸航髒的溫室氣體。但是該企業具有遠見的董事長金·海格曼·思納博（Jim Hagemann Snabe）及其團隊在二〇一八年為公司制定了一條不同於以往的道路。他的董事會原本一直在辯論公司是否負擔得起新的減排措施。大型船舶比汽車更難實現電氣化，而所有的替代方案看來都十分昂貴且不切實際。但是後來他們意識到他們問錯了問題。做為市場龍頭，這間企業有義務找到方法在二〇五〇年前達成淨零排放。所以他們應該問的是，需要做什麼才能達到目標？

鑑於他們沒有人知道答案，董事會決定投資建立一間研究中心來探索如何實現零碳排航運。他們還採取了下一個重要步驟：邀請他們的競爭對手與供應商加入。三年之後，根據該中心的研究發現，馬士基對外宣布他們承諾將使用由太陽能與離岸風電製造的一種新型綠色燃料。這種新燃料會比他們今天使用的鍋爐油貴嗎？大概會。但對這件勢在必行的事情不該構成阻礙。思納博在他激動人心的TED演講上指出：「就算這種綠色燃料的價錢是鍋爐油的兩倍，也不會成爲絆腳石。即使是那個價格，一雙從亞洲運送到美國或歐洲的運動鞋，運輸成本也只不過多五美分而已。圍繞著負擔能力的爭論不過是不去做必要決策與投資的爛藉口。」

這就是一種屬於企業的開明與慷慨，同時深具感染力。我多次見證商業領袖鼓勵彼此力求進步的模樣。如果大家都在做，向股東解釋這些是在二十一世紀生存與發展之必要就容易得多。這些行動不僅能降低氣候災難的威脅，更能幫助大家走向一個擁有無限可能的未來：超低成本的再生能源、清新的空氣、安靜的電動運輸、美麗的現代城市，充滿了別出心裁的綠色空間。與此同時，塑膠汙染、林地復育，以及將低效農田逐漸還給大自然重新野化的做法，將走向結尾。

承諾慷慨，每個人都是贏家。

除了環境的議題外，企業還有許多透過慷慨獲益的方法。以下是兩個範例。

生產更多優格的不貪心方法

優格公司喬巴尼（Chobani）以慷慨對待員工著稱。在公司的每一個成長階段，創辦人漢迪・烏魯卡亞（Hamdi Ulukaya）都會把焦點放在生活艱苦的鄉村地區，優先僱用當地的子弟。二〇一六年，他手下員工共有兩千人，他送給每人平均價值十五萬美元的股票。透過員工的忠誠加上消費者渴望支持有立場的品牌，這樣的慷慨行爲幫助喬巴尼取得成功。該公司現在已成爲美國的希臘優格龍頭，年銷售額超過十四億美元。

烏魯卡亞在TED演說中展示了一本「反執行長手冊」，其中內容放在今天的連結時代有莫大的力量：「如果你善待你的員工，善待你的社區，善待你的產品，你就會更賺錢、更創新，你會有更多熱情洋溢的人爲你工作，你會得到社區的支持……這就是投資回報與善意回報的區別。」

巴塔哥尼亞的逆勢崛起

幾十年來，在執行長克里絲．湯普金斯（Kris Tompkins）與創辦人伊馮．喬伊納德（Yvon Chouinard）的領導下，戶外服裝公司巴塔哥尼亞（Patagonia）採取的行動似乎與自身商業利益背道而馳。他們決定採購價格較高的有機棉，以避免量產棉花所製造的環保問題。他們承諾捐出百分之一的銷售額或百分之十的利潤（以較高者爲準）給環保事業，幫助開闢南美洲的野生空間。巴塔哥尼亞也對員工實施優厚的政策。

但是同樣地，正是這些政策讓這家公司成爲許多顧客的愛牌。二〇二二年底的一項調查顯示巴塔哥尼亞在千禧世代與Z世代的首選品牌之列，協助他們達到超過十億美元的年銷售額。如果這樣還不足以確定慷慨是巴塔哥尼亞的核心理念，二〇二二年喬伊納德甚至將他在公司的股份捐出，成立一筆專注於氣候變遷問題的信託基金。

所以，我們應該如何鼓勵更多的企業來擁抱這樣的思維？

你擁有的力量比你所知的還要多

假如你在一家公司任職，你就可以盡一分力。一小群經過組織的員工就足以改變公司策略——你的公司無力得罪有價值的人才。例如，只需安排一次會議，召集有興趣的人來討論公司更慷慨對待地球的可能性，也許就能建立一股勢不可當的力量。

還要記住：網際網路能夠強化每一項慷慨行動帶來美好回報的可能性。每一家公司與組織都應該每隔幾年安排長達一天的靜修會議，邀請公司內最具創造力的思想家參與。他們應被賦予回答這個問題的任務：我們可以採行的最大膽慷慨行動是什麼？

理想情況下，這個活動由高層領導進行，不過一小群員工也可以獨立舉辦。從中得到的構想可能強大到足以說服公司領導階層採取行動。

以下是這類腦力激盪可以提出的問題：你的公司是否擁有特殊的專業知識？將其分享出去確實可能減少你的競爭優勢，但是也可能爲你帶來遍及全球的聲望。

你的公司是否擁有強大的軟體？如果對全世界開放會怎麼樣呢？是的，你可能必須放棄若干策略優勢。但是獨立的碼農可能會因你開放原始碼的慷慨獲得啟發，反過來幫助你改善軟體。

你的公司是否擁有價值不菲的照片、音樂或影片檔案集？你確定公司沒有任何理由將它們免費提供給全世界嗎？你若採取這項行動，數以千計你想結識的人是否會因此看見你？

公司的商業模式是否含有對地球不利的部分？腦力激盪一下放棄這種模式的結果，你公司的龍頭地位可能會迫使競爭對手跟進。

如果你們花一天的時間進行這個活動，首先要確保落實了最完善的腦力激盪法則（IDEO設計公司擁有一套很棒的資源可提供協助）。邀請大家盡可能描繪出最遠大的夢想。進行到下個階段前，過程之中不得有任何批評，只邀請大家繼續拓展可能性。先專注於其優點，然後再擔心缺點。要記住，慷慨幾乎永遠會導引出令人驚喜的回應。

現在……你會看到這些新聞

想像一下，打個比方，你在未來幾年看到下列的新聞標題。

奇異公司（General Electric）推出風力發電的免費課程。「我們擁有製造超高效風力發電機的專業知識。我們將免費與全球分享，讓其他人也能加入再生能源競賽。」（預測：將透過提高聲譽與聘用新血幫助奇異重建事業。）

可口可樂免費贈送祕方。「我們想邀請大家在家自製可樂。我們會告訴你們詳細步驟，如果你能改進配方，請千萬要告訴我們。坦白說，我們希望有個全天然材料、少加點糖的版本。如果你的配方中選，我們會在全球推出，並且標榜為『人民的可口可樂』，同時還會爲你的貢獻支付一千萬美元的酬勞。」（預測：可口可樂銷售增加，並推出一個重量級的新品牌。）

本地餐廳為單親家庭提供免費週日早午餐。「我們致力於建設社區，但是我們社區中有些人無力負擔外出用餐，我們想爲此貢獻一分心力。」（預測：餐廳的善意使銷售量增加，足以彌補免費提供早午餐的成本。許多在地商家已經提出類似的優惠，他們值得我們喝采。）

亞馬遜將氣候置於獲利之上。「我們要投資五億美元進行全球供應鏈研究。根據研究結果，我們將依氣候友善程度對我們銷售產品中的百分之七十五標示綠色／黃色／紅色標籤。在我們的預設搜尋結果中，綠色標籤產品將優先顯示。」（預測：亞馬遜的聲譽煥然一新，數百件氣候友善的新產品擄獲市場的注意力。）

我們能從中看到什麼？一個讓我們興奮期待的未來。

這些公司本身又得到什麼？一切的一切。更優秀的員工、熱情洋溢的顧客、更健康的地球，以及重新找回的信任與希望。

CHAPTER 12

慈善事業的真正潛力——
假如給予變革者實現更宏大夢想的機會

我們能影響世界的最重要途徑之一，是重新思考要如何——又要以多大的力度——來支持非營利組織。畢竟，這些組織的存在是憑藉慷慨精神。而且在面對世界上最棘手的問題時，他們往往是最重要的變革推動者。

某處有兒童死於飢餓或是可治癒的疾病？人民的權利遭到侵犯？是否有社會盲點造成無人知曉的苦難？人類的未來是否面臨著存在威脅？不論是哪種情況，總會有一個非營利組織像英雄般伸出援手。

他們有許多都是充滿聰明才智、盡心盡力的團隊。然而在現今唯利是圖的經濟體系中，他們也面臨嚴峻的挑戰，尤其是在籌募資金方面。

請看這張表格。

這張表格涵蓋了所有影響世界的私人融資計畫（因此政府活動並未包括在內）。左下部的象限是所有的小企業——餐廳、本地商鋪、專業服務等等。左上部則是經濟主流所在，是擁有數百萬計客戶、插旗多國的大型企業。當你我購買一部智慧型手機；駕駛一輛汽車；上臉書、網飛與谷歌，或是買進《財星》五

私人融資計畫

	營利導向	非營利導向
影響人數大於一百萬	大型企業	?
影響人數小於一百萬	小型企業	幾乎全是慈善事業

百大企業中任何一家的股份，我們就參與了左上部的活動。這塊領域主導了我們現代生活的一大半。

事實上，不論你是看股市估值，還是衡量你在營利企業生產的產品上所花的時間，大部分都集中在左上部。例如，在科技業，光是八家公司——蘋果、亞馬遜、谷歌、輝達、台積電、特斯拉與Meta——的總市值就相當於其他所有科技公司的總和。儘管左下部有更多公司，但是他們的集體影響力仍遠遠不及左上部的企業。

然而當你看向表格的右半部時，你會看見完全不同的景觀。大部分的活動都集中在右下部。在美國，大多數的慈善捐助都流向當地的教會、醫院、學校或大學。他們的目的是幫助數百人或數千人，而不是數百萬人。當然還是有一些大型基金會從事較大規模的慈善事業——有些時候——可以影響上百萬人。我認識許多將人生奉獻給慈善事業的人，我對他們由衷欽佩。但是我也爲他們感到憤慨，儘管他們的工作至關重要，卻很少有機會夢想耗資五千萬美元以上的計畫。商業營運的規模至少高出一個數量級。

爲什麼是這樣？難道是因爲非營利事業無法進行大規模的計畫？或是因爲大部分的慈善事業維持較小的規模比較**適合**？絕對不是！我深信我們是太過低估非營利事業可能達到的成就，假如它們有這個機會。

其中一個問題是非營利世界缺乏商業世界所創造出的籌資機會。我們來比較一下。

兩位創業家的故事

馬可斯（Marcus）是一名熱情洋溢且備受肯定的年輕創業家，現在他有一項透過應用程式提供服務的創新構想。這項服務可望吸引全球的消費者。他向創業投資家提出此一構想，後者決定給予他三輪的融資，共二千五百萬美元（利用籌自數十名早期投資人的資金）。三年後，他將公司上市，一天之內就自成千上萬的投資人籌得七千五百萬美元，又過兩年，他的公司在全球已擁有三千萬名顧客。他們非常喜歡馬可斯的「天堂披薩應用程式」（Heavenly Pizza app）以及從高空配送的無人機送餐服務。馬可斯成爲身家幾百萬美元的富豪，他的投資人與股東也打響了名號。

但是並非世界所需要的所有東西都能變成獲利的產品。在同座城市三個街區外的地方住著瑪雅（Maya）。她也是名熱情洋溢、備受肯定的年輕創業家。她也有一項透過應用程式提供服務的構想，可望吸引全球的注意。事實上，這項服務能夠在危機時刻提供協助，改變求助者的人生，這也是她爲什麼以卡洛・金（Carole King）的名曲〈你有一個朋友〉（You've Got a Friend）爲其命名。當人們感到沮喪與絕望時，他們打開這個應用程式服務，可以找到：

- 根據已受證實的心理學見解來提供有效技巧，可應對他們的痛苦。
- 多項本地相關服務，讓他們可以與之聯繫並尋求進一步協助，包括全年無休的諮商服務。

但是她首先需要克服一項挑戰。她預期的協助對象大都過著貧困的生活，負擔不起這項服務的全部成本，而這些服務需要靠各個城市中經過專業訓練的志工來提供。政府與企業主最終也許願意贊助這些成本，但是說服他們需要好幾年的時間。瑪雅的商業計畫顯示有擴大規模的機會，但必須在五年內籌集一億美元才做得到（實際上與馬可斯所需的資本額相同）。

她該如何籌措資金？她無從接觸創業投資家，也沒有類似公開股票市場這樣的管道。她爲這項構想籌資的最大機會就是設立非營利組織，一次次地去拜會各基金會與慈善家。

剛開始的時候還算順利。有許多人表示對這項事業有興趣，鼓勵她放手行動，證明她的模式是可行的。還有一些人願意資助他們因某些理由較關心的特定貧窮與心理問題進行試驗。經過二、三年的努力，她成功累積到數百萬美元，同時也證明她的應用程式確實有助於突破因個人危機造成的貧窮陷阱。但是她卻難以找到願意冒險提供大規模資金的人。她有一半的時間用在尋找資金，平均需要十次會面才能得到對方承諾出資，承諾的有效期限通常不到三年，並且還有諸多對她如何使用資金的限制條件。

瑪雅逐漸心力交瘁。爲了保持身心健康，她決定縮小她的計畫。她不再以幫助全世界的人爲職志，轉而尋找願意出資五百萬美元的金主來補貼她爲家鄉城市的服務。她滿足於接下來幾年內當地有數百人因使用她的應用程式而受益，她也識相地將她的應用程式更名，在其中加上金主的名字。但是，唉！在這種規模下無法實現眞正的營運效率，而且全球還有數以百萬計的人在獨自承受危機，永遠不會知道有人創造了伸出援手的方法。

這兩個故事的結局爲何如此不同？非營利計畫本身並沒有使大規模行動無法實現的內在因素。這種計畫或許無法依賴自身利潤來維持營運，但是他們有許多可以汲取全球經濟力量的途徑，例如政府的支持或是網際網路的觸角。然而現實是營利事業那種大規模、多年期的籌資工具對他們來說是不可得的。非營利計畫往往由單一捐贈人資助且爲期一年。這是一個效率極低且常常令人心灰意冷的過程。

不只是社會創業家，那些個人捐助者——其中許多都在近幾年才發家致富——也將這種無止盡的募款循環視爲畏途。雖說他們都有心從事慈善事業、推動世界改變，卻缺乏一個突破性構想的成熟市場供他們使用。而單獨行動感覺風險太大。這無疑是巨大的時間浪費，而他們在如何利用這些時間上有無窮盡的替代方案。這也難怪許多有心從事、也有能力進行大手筆資助的人最後都選擇在一旁觀望。

因為如此，世界上最堅定不移的變革推動者，無論是行動家還是出資人，有些最後都放棄實現更為宏大的夢想。推動眞正大膽變革的可能性空間仍待開發。

我們該怎麼辦？

關鍵在於非營利組織與捐助者之間能以更有創意、大膽與緊密的方式攜手合作。有許多人正在以各種不同的方式嘗試做到這點。讓我來告訴你一個我有機會參與其中的故事。

這個故事與已故的理察・洛克斐勒（Richard Rockefeller）有關，就是那個大名鼎鼎的慈善事業家族的成員。我曾邀請他參加一場海洋保護主義者的會議，且永遠不會忘記他當時說的一番話：「很顯然，我們在座許多人都面臨著為我們所相信的志業籌募資金的挑戰而備感壓力。我們發現自己身負千斤重擔，必須削減我們的計畫才有機會獲得資金。我認爲這也許是一個錯誤。根據我個人的經驗，最有智慧、最出色的捐贈人不會被只能實現小目標的提案說服。我的建議是，要求更多，而不是減少，大膽去做。」

萬分遺憾的是，四年後理察不幸在一次飛機失事中罹難，所以他永遠沒有機會看到受他的話語啟發而成立的一項不同凡響的計畫……沒錯……就是大膽計畫（The Audacious Project）。

該計畫匯集了由TED與布利吉斯潘集團（Bridgespan Group）領銜的一批具有遠見的基金會。布利吉斯潘集團是一致力於推動大型慈善行動的非營利組織。

以下是大膽創新計畫的運作方式：

一、我們邀請全球最偉大的變革推動者去做一個前所未有的夢，創造眞正膽大妄爲的構想。這樣的構想可能會影響數百萬甚至數億人；或是以整個地球爲尺度對環境帶來影響；或足以推動科學的變革；或是能爲我們的生存與繁榮興盛帶來長期的前景。那種會讓你起雞皮疙瘩的遠大構想。

二、我們審核這些構想，從中挑選眞正具有執行性、規模與影響力的。我們再由其中選擇最合適的創見，協助制定可行和可持續的多年期計畫。

三、我們會選擇一個時刻以最大的能見度與激動人心的方式向世人展示這些計畫，邀請大家共襄盛舉。我們的目的是乘著這波聲勢爲每個項目建立起堅定的支持者社群，他們能夠在未來多年持續給予支持，貢獻想法、時間、影響力與資金。

總的來說，我們的假定是透過這三個步驟，爲大膽、可行且能夠資助的慈善計畫創造出一個激動人心的市場。

這樣的做法眞行得通嗎？

這個嘛，我們迄今已經將這套程序進行了六次，將多項大膽但經過精挑細選的構想介紹給潛在捐贈人，並且在TED大會上揭露成功的方案，最終獲得非凡的成果。就連第一年都斬獲了一億美元的捐贈，遠遠超出我們所預期。隨著我們學習經驗與調整做法，募集到的金額也是逐次增加。二〇二〇年，儘管面臨疫情的挑戰，我們依然爲十六項不同計畫籌得總計五億美元。在二〇二三年初，我們首次突破十億美元的里程碑。

我們支持的計畫包括：

- 以種子、培訓與融資的綜合性方案幫助非洲大陸的各地小農增加收成，從而紓解全球飢餓問題。
- 設立一座新的科學研究機構，利用強大的CRISPR（Clustered Regularly Interspaced Short Palindromic Repeats，常間回文重複序列叢集）的基因編輯力量來塑造整個微生物群落的行爲，這有潛力對人體健康與地球氣候有重大影響。
- 針對可怕的眼疾（砂眼）的一項根除計畫。
- 發射一顆衛星追蹤致命的溫室效應氣體甲烷的行跡。
- 協助一億名兒童接受去除寄生蟲的治療，預防發育不良的風險。

還有另一個驚喜。這個**過程本身**就極具啟發性，不論是對創造出此一計畫的組織，還是有幸參與此一計畫的捐贈人都是如此。

所有這些工作得以實現，都得歸功於慷慨的感染力。當一群捐贈人得知一項計畫已經奠基完成，只需要其中一、兩人站出來熱情支持就可以點燃連鎖效應。那一絲火花往往就只是某人說：「我願意支持這個計畫，只要其他人也一起。」

我相信我們只觸及了所有可能性的表層而已。如果你有一個能夠打造美好未來、造福數百萬人的願景，加上可以實現此願景的可靠計畫，很可能也存在著能獲得可觀規模資金支持的途徑。在我們緊緊相繫的世界裡，我們能夠以前所未有的方式一起築夢，我們也可以攜手實現夢想。

瑪雅，妳在聽嗎？這些就是想說給妳聽的！比起幾百次會面，也許只需要一次發光發熱的機會就能爲妳美麗的構想籌得資金。

馬可斯，這也是說給你聽的！你可以將所賺得的部分財富重新投資於增進公共利益的構想，這些構想就和你的一樣大膽且富有創業家精神，並能讓你和其他具有遠見的捐贈人攜手合作。

至於你們，親愛的讀者，這也是說給你們聽的。這是我們全都可以參與的事業。沒錯，這些計畫所需要的籌資規模可能不是大部分人能力所及，不過這就是重點所在。這一切的目的是匯聚我們的力量，共同關注大規模倡議比起單打獨鬥能產生更大的影響力。

規模很重要。規模能帶來各種效率、槓桿、品牌能見度與網絡效應。有了規模，你就可以建立平台、吸引合作夥伴，達成群聚效應。即使只是小額的捐贈，能夠成就的事物很可能會比同樣一筆錢花在別的地方更多。因爲你是在幫助已在前進中的火車加速，讓它更加勢不可當。同時，你能幫助的也不只是金錢，還有你的想法、你的鼓勵，以及你傳播訊息的能力。所有這些計畫都能從忠實的支持者社群中獲益匪淺，他們會爲計畫加油打氣，無論順境或逆境。大規模的變革不是只有富人才能夢想，那是屬於我們所有人的夢想。

你自己的大膽創新計畫

在地捐贈圈與大膽創新計畫的成功，使我相信可以在地方上嘗試採行一種新的籌資模式。你可以與幾位朋友組成一個團隊，從事你們自己的大膽創新計畫，以下是你們可以採取的方法：

步驟一：召集你的朋友群，提出這個問題：我們在地方上知道有誰正在嘗試解決問題或進行激勵人心的新計畫嗎？或者誰過去曾完成使人印象深刻的工作，可能有意願參與某個重大、新穎的項目？試著從中找出值得給予支持的五名個人或非營利組織。

步驟二：指派你們中的一人進一步研究這些個人與組織。找出他們的籌資情況與過去的紀錄，然後對他們提出以下問題，也許他們以前從來沒被問過：「你最大的夢想是什麼？如果你有足夠的資金支持，你能實現什麼？」也許有人會想設立一座劇院、一座公園、一間慈善廚房，或是一所創意活動中心。

步驟三：再次召集朋友們，將你們的名單縮減到三個最令人躍躍欲試且具可行性的項目。你們必須能被這個構想說服，相信只要資金足夠就能真正實現。

步驟四：邀請這三項構想的發想人，請他們把這些構想變成可靠的行動方案。其中需要回答以下問題：這項計畫的核心概念爲何？爲什麼能爲你的鄰里社區帶來改變？需要多少資金？這筆經費將如何使用？（需要列出一個至少涵蓋主要項目的預算。）在地方上需要克服哪些障礙，例如城市規劃方面的規定？你如何讓我們確信你能成功？

步驟五：好了，這可能是最難的部分。你需要設法結識你所能想到的每一名當地潛在捐助者。讓你們的團隊分工合作，如果每人分配五個對象的名單，應該是可應付的任務。尋找當地的企業主和其他有影響力的人、成功人士等。要結識他們可能不容易，但通常可以在網際網路上找到聯繫點，好比說LinkedIn。你一旦聯繫上其中一位，他們可以幫助你認識其他人。你的優勢在於，你眞的有一些激動人心的事要與他們分享：實際上，你是要提供他們成爲當地英雄的機會。告訴他們：你打算舉辦一次會議，宣布三項可能爲社區帶來永久改變的計畫，而他們的出席將對許多人深具意義。告訴他們，你之所以希望他們前來是要聽聽他們的意見與想法，而不光是要他們的錢。告訴他們，他們並沒有捐款的義務，除非他們眞正被計畫所吸引再說。告訴他們，他們將參與一件前所未有，很可能相當不可思議的事。說服第一位大人物總是最難的，一旦你成功拿下，就可以借用他的名號來說服其他人。

步驟六：舉行會議——或許在某人的家中，開會時間設定爲九十分鐘左右。你可能要把與會人數限制在二十人內。開場的一分鐘，邀請大家準備好放膽思考社區前景的可能性，如果有那個機會，你們能一起成功爲某計畫籌得資金，這個社區的前景會是多麼美好。接著給予每項計畫的領導人最多十分鐘的時間來發表他們的構想，鼓勵他們聚焦於兩個主要方面：爲什麼這項計畫對社區大有助益，以及如何實現。在每項計畫說明之後是十到十五分鐘的問答時間。會議尾聲，邀請捐贈人報名參加他感興趣的計畫的後續會議。觀察每項後續會議各有多少人同意參加，這能告訴你許多事情。有可能有一項或多項計畫未能吸引到後續支持。但希望至少有一項計畫成功，最好情況是全部三項都有人青睞。

步驟七：針對每項計畫各自舉行後續會議。你的團隊至少要有一人在場以主持整個流程。這是最後見眞章的時刻，計畫領導人需要詳細說明相關細節，並且回答所有還沒問完的問題。在會議最後二十分鐘，請計畫領導人離開房間，然後告訴現場的捐贈人：「大概就是這樣了。這是我們的機會，趁我們齊聚一堂的時刻，有沒有誰願意一起來支持這個項目呢？」

如果每一位與會人士都帶來了開放的心態，並且已準備好接受新事物，當你看見慷慨就在你眼前發揮感染力，請別感到驚訝。有可能你當場就一次性地爲計畫籌足所需資金。你也可能只獲得部分資金，但也爲這些計畫爭取到足夠的動力與成就感來思考如何向社區的其他人籌募剩餘資金。

即使你在那一刻沒有拿到任何資金，我想你至少激發了一些美麗的構想，留待未來某一天發光發熱。

重點是，透過這個過程，你打破了讓許多可能性無法實現的壁壘。我們是社會性動物，我們從合作獲得巨大的能量。當一個社群形成，不同成員看到其他人的積極參與，一切都會改變。看似不可能的事變得眞實無比。基本上，這個過程能以一種美妙的方式讓富人與窮人團結在一起，以激動興奮與相互鼓勵來取代憎惡。光是這點就值得一試。

在infectiousgenerosity.org上，我們有多則有關社區利用這套流程成功募資的故事。如果你也獲得成功經驗，請告訴我們！我們可以相互學習。大膽創新的精神也會持續散播。

夢想的力量

在這個世界所需要的未來中，非營利組織所扮演的角色應遠比今天更加重大。我是市場力量的忠實信徒，但是隨著社會日益富有，光靠市場力量來反映大多數公民的努力與夢想已經愈來愈說不通了。畢竟，它爲什麼要呢？當一個組織可以自由定義其使命，用某種方式促進公益——與促進股東利益背道而馳——等於爲某種潛力無限的豐富生態系統打開大門。這些組織並不再只是製造一個產品、行銷一種服務，而是能夠處理這個世界所面對的任何問題，或者，也可以去尋求人類想像力所能創造的任何機遇。

如果我們的集體努力僅限於那些可以透過獲利來爭取資金的東西，就太荒唐了。大膽創新的慷慨應能實現某種新一代的非營利倡議，吸引全球最有才華的人才。

推動變革的最大驅力應是來自那些實際出力做事、完成工作的人們。我們需要將他們從嚴酷到荒謬程度的籌款壓力中解放出來，讓他們能夠專注於打造一個更加美好的未來。如果我們給了他們這樣的機會呢？讓他們盡情夢想，然後聯合全世界數百萬人的力量來幫助實現那些夢想。

我們可以聯手開啟一種美麗的良性循環。更多的慷慨能夠帶來更爲大膽與宏觀的變革願景，進而又啟發更多的慷慨。在我們現今的連結時代，這些行動的漣漪效應是無遠弗屆。

那些大膽的願景會是什麼樣子？光是去想像就令人興奮。我們在下一章會談到娜塔莉·卡吉爾（Natalie Cargill）所設立的計畫，這項了不起的計畫讓我們看見宏大的夢想最終可以達到的成就。不過這些頂級的願景需要數以千計的組織協力完成。那麼，一個組織可以提供什麼願景？

如果你是愛做夢的人，試著想像一下你希望看到什麼樣的改變世界的倡議。這是個很好玩的練習！以下是我最近想出的幾個例子：

- 爲地球的未來啟動一個曼哈頓計畫。我們知道如何因應氣候危機，只是行動不夠快。
- 將工廠改造爲極爲巨大的展覽會場，以各種不同的藝術形式來講述推動變革的無名英雄事蹟。這可能有助上千位藝術家開展事業、活化城市，以及鼓舞上百萬人。

- 爲地球上的每個公民設立一個教育銀行帳户，記錄他們所接觸的每筆線上教育資源，成爲他們的終極履歷，幫助他們尋找最適合自己的就業生涯與一展抱負的旅程。
- 提供補貼給目前仍無電力可用的每一户家庭，幫助他們在屋頂加裝太陽能板。
- 由音樂人才與AI聯手將來自全球數百萬人的聲音融合成優美的合聲，成爲一首世界的「國歌」。一旦開始播放，就永不停歇。
- 用一項線上計畫號召數以千計的當地志工團隊來清理我們的地球，同時還有活躍的線上社群幫忙加油打氣，他們在看到清理前與清理後的相片之後簡直就不敢置信。
- 設立一所重要的研究機構，探究屬於現代的新型資本主義與民主制度。
- 發明一種加密貨幣來爲碳排放定價，由一家非營利組織來背書與發行碳封存合約。每一枚貨幣代表一噸的二氧化碳封存。市場上對加密貨幣的需求會帶動全球碳價格上漲，從而資助大規模的碳封存。

- 一座在海上飄浮的防未來（future-proof）城市，海面之上與海面之下都充滿生機。
- 設立水下攝影網絡拍攝海底美景，爲所有家庭提供免費的虛擬水族館。海洋生物的最大悲劇是無法被我們看見。其實不需如此，這是一個讓大家愛上海洋生物的低成本方式。
- 來自美國與中國的一百名商界領袖、藝術家以及科學家組成的委員會，尋求在這兩大超級強權爆發戰爭之前建立溝通的橋梁。
- 召集醫生、心理學家、農業專家、營養師、城市設計師與說故事的人，全面動員來對抗肥胖危機。
- 發起一趟深入地心的科學之旅。我們未來的能源供應與生命起源的祕密也許都可以在這裡找到。
- 對社群媒體內容進行大規模的獨立審查工作，以提升其眞實性與信任度——就像維基百科的加強版（我們曾在第十章簡短討論過）。
- 打造一具太空望遠鏡，效能比已經很不可思議的詹姆斯·韋伯（James Webb）

太空望遠鏡高一百倍。（太空探索技術公司〔SpaceX〕的星際飛船〔Starship〕使得這有了實現的可能。）

- 將財富大量移轉至爲全球最貧苦的人口新設立的銀行帳戶內。
- 積極深化與加速全球科學家的合作，以應對人類所面臨的生存危機。
- 向全球各國收集人類文化與成就的精華，保存在能夠抵擋核戰爭、隕石撞擊與氣候災難的檔案中。
- 一本全球護照，爲所有渴望超越民族主義的人提供身分認同、連結與希望。

你可能會覺得這些夢想有點傻。但是難道我們不應該有這樣的夢想、甚至是你心中的更好版本嗎？上述的點子，有許多其實花不到十億美元就能實現。我們有足夠的私人慈善資本來資助一千個這樣的想法。

所以，讓我們別再抱怨從事慈善事業有多煩人了，而是運用我們的集體想像力將慈善事業提升至一個全新的層次。

CHAPTER 13

能夠改變一切的承諾——假如我們彼此慷慨對待

我十五歲的時候遭遇了一次良心的危機，直到今日仍揮之不去。我希望在這一章寫完時能夠終於擺脫它。

那是發生在一座教堂裡，我坐著聆聽一位鼓舞人心的客座演講者說話。他奉獻了一生爲全世界的貧困人口效勞，他談到工作有多累人，但是也表示每當他想睡一下，腦海中就會浮現他所照顧的窮人所過的艱苦生活，意識到自己的辛勞與他們相比根本不值一提。他說的話令我十分鬱悶。

我想當一個好人。我眞的想。但是要當一個好人似乎意謂著要一輩子永無休止的奉獻犧牲。不論你有多辛苦或克服了多少挑戰，這世上總會有其他受苦受難的人，彷彿在要求你必須更加努力。突然之間，你的未來似乎變成一個不可思議的艱鉅挑戰。

要找到出路並不容易。哲學家彼德・辛格就曾指出，在拒絕拯救你眼前一個瀕死的孩童，和拒絕捐款給能夠拯救世界彼端另一個孩童的組織之間，在道德上並沒有明確的區別。我們不再是住在與外界隔絕的社群裡、義務只及於與我們接近的人。今天我們能夠，只要我們花點時間，就可以探視任何地方的任何人。我們也可以做一些對世界任何一角都造成影響的事情。所以，我們還有什麼藉口不去做嗎？

事實上，有許多慈善機構信誓旦旦宣稱，不到五千美元就可以拯救開發中國家的一條生命。或者只要不到一百美元就能讓一年受苦受難的生活轉變為一年有尊嚴的生活。你手上有一百美元嗎？哪件事比較重要，是購買往後的二十五杯咖啡，還是幫助某人解脫一整年的苦難？

但是等你做過一次，就可以安心停止了嗎？難道你不應該繼續研究與資助這樣的善行，直到你一文不名、筋疲力竭為止？你真的還可以心安理得地啜飲一杯拿鐵嗎？

大部分的人對於這些思緒的反應是嘆口氣，然後轉移話題。我們使用常見的推託之辭應付過去，例如「我們也只能做到這裡了。」或是「我們總也不能把自己累倒吧？」然而卻從來沒問過自己，我們是否真的已竭盡所能，或者說實在的，累倒距離我們有多遙遠。

可以引導我們走向新規範的傳統

我們應該如何處理這個難題？以下是值得牢記的一些原則：

一、假如有一套約定俗成的捐贈規範呢？這套規範能夠敦促所有想做善事的人，同時也能讓他們卸下無窮無盡的道德負擔。

二、理想的社會規範應能提供足夠資金來處理慈善捐贈可以合理解決的主要問題。

三、但是這套規範也不能要求過高，使大多數在現代世界中力求生存的人不堪負荷。道德規範是大多數人都能做到的才會具有信用。

四、這些規範應被公認是公平的，對有能力付出的人提出更高的要求。

那麼，這套規範會是什麼樣子？這原本是全球許多偉大的宗教思考了好幾個世紀的議題。所有宗教都在尋求爲人類提供一條通往喜樂、圓滿的道路，同時也會設立道德規範來照顧社會上最需要幫助的人。

其中有兩大原則從不同宗教間浮現出來。我認爲可以將其視爲宗教在良心呼喚與現實生活之間所做的務實妥協。儘管不同地方的實施方法略有不同，大致來說，二者都在實踐中存活了好幾個世紀。分別是什一奉獻（Tithing）與天課（Zakat）。

什一奉獻

在猶太教與基督教有一個淵遠源長的傳統，就是生活溫飽的人應將其收入的百分之十捐贈出來。有些傳統是將這筆錢直接捐給教堂、猶太教堂，也有一些只是做爲賑濟窮人的指導原則。

天課

在伊斯蘭教，此原則不是著眼於某人的收入，而是他的財富。如果某人的財富超過一定的水準，就會被要求每年捐贈其財產的四十分之一（百分之二・五）給需要的人。這項規範稱作天課，是伊斯蘭教的第三支柱，也是其教義實踐的核心。

這些傳統的美妙之處是為那個難題帶來明確的解答。儘管捐獻的金額相當可觀，但對多數人來說是可以承擔的義務。一旦義務履行，就不需要再承擔更多的壓力。

在這兩項原則中，哪個要求比較高？這就取決於某人的財富相對於年收入的多寡了。如果你的財產是你年收入的四倍以上，滿足天課的要求比較辛苦，如果財產少於你年收入的四倍，配合什一貢獻的要求比較艱難。

以一種非常粗略的經驗法則來說，在現代世界中，一個人愈富裕，則天課相較於什一奉獻愈可能成為沉重的負擔。美國一戶中產階級家庭的年收入總和可能是九萬美元，他們有少許積蓄與一棟價值五十萬美元的房子，但有房貸四十萬美元。他們的資產淨值是十萬美元左右，沒比他們的收入高多少。對他們來說，什一奉獻比天課更辛苦。什一奉獻意謂著這戶家庭一年要捐贈九千美元，然而天課只需二千五百美元。

相比之下，美國頂層百分之一人口的年收入超過一百萬美元，資產淨值超過他們收入的十倍以上，對他們而言，天課的實踐要比什一奉獻昂貴許多。

如果你是個信仰虔誠的人，而且已經在實踐其中一種規範，我向你致敬。這是很難做到的，你是個慷慨的人。我誠心希望你能確保這筆錢被善加利用，使其效益達到最大化。有些宗教會吸納信徒大部分的奉獻，再用來賑濟窮苦的人（有人認爲這可能不是最好的扶貧之道），或是直接奉獻給教會、淸眞寺、廟宇或猶太教堂本身。或許這筆錢還有更好的用途，但我仍要向你致敬，你願意爲了自身之外的事物犧牲自己的需要。

如果你（像我一樣）不是個有宗教信仰的人，我有一個問題要問你：**難道我們不希望擁有某種符合、甚至超越宗教傳統的道德標準嗎？**

我們現在生活的世界遠比這些傳統出現時富足。然而，這個世界所面臨的挑戰很有可能會摧毀我們所建立的一切。難道我們不該在對抗這些挑戰中盡自己的一分力嗎？有些事情需要集全人類之力才能完成。

兩全其美之法

因此，我邀請你採行一種勇敢又有潛力改變人生的方法：擁抱這兩種傳統！把每年捐贈收入的百分之十或是淨資產的百分之二．五設爲你的人生目標。

現在，這並非你必須馬上要做到的事情。讀者之中有些可能還無力負擔這樣的捐贈。也許你的事業才剛起步，負有大筆的學生貸款債務。或者你是一名單親父母，正爲生計奮鬥。或者你正在失業之中。或者你被沉重無比的家庭義務壓得喘不過氣來。或者你身在貧窮線下。明智的道德規範不會提出無法實踐的要求。

然而令人驚訝的是，社會上最貧窮的人們仍然勇於奉獻。事實上，他們自他們微薄的收入中拿出的比例往往高於那些有錢人。西方國家的許多調查都顯示收入層級最低的人會捐出收入的百分之三到百分之四，但是最富有的人捐出的比例往往還不到此一水準的一半。

所以，不論你的情況如何，我認爲都有理由做出**某種**承諾。對於大部分的人來說，收入方面的承諾比較容易計算與實施。你可以先從捐出收入的百分之三開始，然後計畫逐步遞增，也許隨著你的收入提高，每年再增加一個百分點，直至百分之十爲止。做下這項承諾的最大好處是能幫助你從衝動型轉變爲策略型。如果你知道你一個月或一年需要捐出多少錢，這會鼓勵你真正花些時間去思考如何善加利用這筆捐款。這也意謂著我們可以把我們的承諾視爲一種集體努力。我們同在一起，我們可以從許多人都在盡一己之力這個事實中得到啟發。

當我回顧自己過去捐贈的歷史，再次發現這是件艱難的事情。毫無疑問有好多年的時間，儘管在開創事業上大獲成功，但我捐贈的金額並不符合這些承諾所要求的水準。我無疑也能夠找出許多無法做到的好藉口，包括當我的企業價值暴跌，或是我太忙於工作而無暇顧及。

但是，我愈是去思考慷慨，包括慷慨能造成的影響與所帶來的喜樂，我要讓它成爲我生命核心一部分的決心也就益發堅定。賈桂琳做爲社會創業家先驅的努力鼓舞了我，我們兩人現在已準備好共同立下承諾，要在我們有生之年的每一年捐出我們收入的百分之十或是資產淨值的百分之二・五，視何者較高而定。

「奉獻我們所能」的承諾

我們兩人是在網站GivingWhatWeCan.org設立這項承諾。自二〇〇九年以來，該網站就一直在鼓勵人們承諾捐出收入的百分之十。我曾與他們討論此議題，並且很高興與大家分享，在本書付梓前夕他們同意在網站上增加讓你能夠設立承諾捐出一定比例財富的功能。這代表你可以決定做出像我和賈桂琳一樣的承諾：捐出我們收入的百分之十或資產淨值的百分之二・五。如果這個起點對你來說不切實際，你也可以自己設定較小規模的捐贈承諾，待情況許可後再逐漸增加。爲了幫助你做出合宜的決定，網站亦提供互動工具和建議，協助你根據個人情況計算出承諾的金額。不論你的起點在哪，都可以輕鬆掌握長期的捐款狀況，同時，你還會發現來自全球、許下慷慨承諾的人所組成的一整個社群。

我亦要鼓勵你邀請你的朋友、親戚、同事、教友與捐贈圈共襄盛舉，一起立下承諾。每當我想到有感染力的慷慨行爲，我就會爲這樣的邀請興奮不已。個人的承諾可能令人生畏，但是群體成員則可以從彼此身上獲得鼓勵、獲得喜悅。並且，如果我們能如網站建議般用公開方式許下承諾，就能爲承諾本身帶來散播的力量。

擴大承諾的關鍵好處之一是能夠鼓勵富人盡到他們的全責。對許多世界上最富有的人來說，收入僅是他們資產淨值的九牛一毛。對他們而言，收入的百分之十大概根本不算是挑戰，但是每年捐出百分二・五的資產淨值就是一項挑戰了。據估計，如今全球超級富豪平均一年的捐贈還不及他們資產淨值的百分之一。因此，百分之二・五的資產淨值等於是他們目前捐贈金額的三倍左右。

至於在金字塔最頂端的億萬富豪，我認爲，或許可考慮隨時間的推移逐步提高比例。他們可獲得出色的投資機會，而且他們大部分人的財富即使在稅後仍能以每年百分之五以上的速度增長。因此，除非他們能找到方法將每年的捐贈達到百分之五以上的水準，他們無異於枯坐在愈來愈高的鈔票山上直到嚥氣，這也表示他們錯失了一個大好機會，也就是將他們創造財富的相同技能應用在增進公共利益上。Giving What We Can網站的新工具能夠處理與鼓勵這種隨時間逐步擴大捐贈的承諾。無論是為生計奔波的人或全世界最富有的人都可以使用。

因此，這裡的夢想是，不論貧富都能攜手前行，肩負我們共同的使命，超越一時衝動的善行，轉而在我們的生活之中融入一種承諾——根據自身處境量身打造的、每年捐贈一定數額的承諾，而這仍會是將我們的慷慨提升至另一個新層次的激勵與挑戰。

「最大慈善事業」的不可思議世界

但是這所有的承諾能夠完成任務嗎？能夠籌措足夠資金來有效解決我們面對的問

題嗎？世界上肯定有著無數的問題，因此也有無數種讓慷慨落得一場空的方式嗎？

不過實際上，世界**並非**無限大，也沒有無限多的問題。巨大，沒錯；無窮無盡，不對。當然了，沒有一種絕對的方法可以計算出解決所有慷慨能夠解決的問題需要多少成本。不過儘管如此，目前已有人完成了一些卓越的工作，讓人們得以了解哪些目標是可能達成的，又需要付出多大的代價。

而其中一名傑出人士是娜塔莉．卡吉爾（Natalie Cargill），策略性捐贈顧問機構長景慈善組織（Longview Philanthropy）的創辦人。我與她聯絡並請教了這個問題：如果這種聯合做出捐贈承諾的方法能受到廣泛採用，慈善事業能夠達到什麼成就？今天，如果每一個人都能參與其中，捐贈的承諾每年將可超過十兆美元，這是一個驚人的數字，是目前捐款的十倍左右。但我們知道有許多人無力負擔全額，也會有些人不想參與。爲了進行這項思想實驗，我請娜塔莉列出一張清單，如果運用這個數字的三分之一，也就是一年約三兆五千億美元，慈善事業可以做些什麼。也許，只是也許，我們可以想像一個世界，在這個世界裡，我們可以共同邁出這一步。

她的清單令我嘆爲觀止。清單上有一長串世界上最艱鉅的挑戰，還有可望大規模應對這些挑戰的慈善策略及相關研究與成本。*她這項異想天開的慈善計畫每年耗資三兆五千億美元，預計在十年間實現以下**所有**目標：

- 終結全球飢餓問題（今天全球四千五百萬名兒童有營養不良的問題）。
- 擊潰公共健康「三大殺手」：結核病、人類免疫缺乏病毒（HIV），以及瘧疾。
- 解放現代世界中的奴隸。
- 負擔重新安置全球難民營中所有六百六十萬名難民的生活費用。
- 確保全球基本供水與衛生設施的普及。
- 在開發中國家全面提供負擔得起的清潔能源。

* 當然，策略與實際的作業計畫存在差異。任何一位曾從事系統性改革的人都知道，即使有資金的挹注，要取得成效也非常困難。這張清單的目的只是在顯示我們可以夢想達到的合理成就規模。

- 提供學前、小學與中學的高品質普及教育。
- 消滅被外界忽視的熱帶疾病，例如查加斯氏病（Chagas）、幾內亞蟲病（Guinea worm）以及痲瘋病。
- 改善開發中國家的母嬰健康，每年拯救一千九百萬名母親、二百萬名兒童與新生兒的性命。
- 透過森林復育和保護的工作，在二〇五〇年前拯救或是栽種一兆棵樹木。
- 將每年的太陽能源產量增加爲十倍。
- 建立一套汙水監測與快速診斷系統，事前發現每一次的潛在流行病。
- 發展疫苗的生產能力，如果有新的流行疫情爆發，可在三個月內提供全球每一個人使用。
- 儲備「流行病個人防護裝備」，供所有具必要性的工作人員使用，以確保社會能在最極端的疫情下維持運作。
- 在全球每座醫院與前一百大國際機場安置殺菌燈，消滅空氣中百分之九十的病毒與細菌。

- 將AI安全領域的投資擴大到全球AI投資的百分之十，藉此安全且有益地過渡到通用AI階段。
- 使肉類替代品與真的肉一樣便宜和美味。
- 提供肉類替代品與肉類產業一樣多的廣告預算。
- 預防室內空氣汙染導致的每年一百五十萬人死亡。
- 預防開發中國家的三百萬次心臟病發作。
- 與GiveDirectly等組織合作，透過向全球提供基本所得來消除赤貧。

（你可以在infectiousgenerosity.org找到娜塔莉此一了不起的清單連結）

當然，要完成這所有任務，所需努力是史上前所未見的。需要接受援助該國的政治支持，還有這些領域的幾乎所有非營利組織的積極參與。不過這些過程本身將創造工作機會，增強推動變革的長期能力。娜塔莉迅速指出，這些甚至未必是最具成本效益的計畫，只是外界曾有人提出關於如何實施和擴展規模的具體建議。

這一切聽起來或許有些瘋狂。畢竟，如此大規模的改變很容易就會遭逢始料未及的問題或預期之外的結果。例如，多年來世界各國政府的財務援助往往帶來令人失望，甚至負面的結果。

儘管如此，上面列出的每一項結果都有詳細的財務評估背書，我們也歡迎所有能針對這每一項加以改進的討論。很難想像還會有比這更有意義的辯論了。我們最終的目標是向世人展示在大規模慈善事業的推動下，未來會是什麼樣子。我們需要這樣的願景推動我們繼續前行，而且必須要說，對於站在起跑線的我們，這確實是一個令人驚豔的願景。

最大的慈善事業？是的，很難設想還有什麼其他情況，透過慈善捐獻來募集更多資金是如此順理成章。因爲在這樣的層級，推動改變的瓶頸將不是在財務方面，而是在組織團隊、與政府和企業結盟，以及協調能實現上述目標的各種行動。如果我們做到這些，毫無疑問，我們就將擁有一個光明的未來，在這個未來，世界更加富裕，可以投入更多兆的慈善資金來進一步推動人類的興盛繁榮。不過眼前任務得先完成再說。現在，這張清單代表的是一個奇蹟與可能性的訊息，就在你眼前閃閃發光。它邀請我們所有人更大膽地夢想人類可能達到的境界。

我希望有機會寫的一封信

自從半個世紀前在教堂的那一天起，一種做得不夠的罪惡感一直縈繞在我心頭。我為此感到困惑，不知如何擺脫。現在我終於感覺到頭上的烏雲已經散去。如果可以，我想寫一封信裝入時光膠囊，送回到年輕的我手上。信中寫著：

致十五歲的我，

我有一個好消息。一切都會沒事的。

是的，你確實對世界上任何一個人負有道德義務，無論他在何方。你應該認真看待這件事，不過這也並非不可能承擔的重擔。

你的慷慨有許多可透過非金錢的方式來表達。至於在金錢方面，你至多需要承諾捐出你收入的百分之十，或者——如果你真的發財了——每年捐出你資產淨值的百分之二．五。你多半可以應付得來。這不簡單，但是值得去做。

你會發現慷慨的承諾是帶你通往喜悅，而非罪惡感的道路。

我相信你做得到！

獻上我的愛，

幸運且滿懷感激之情的未來的你

總結

當你把所有這些碎片拼湊起來，真正令人興奮的事就會發生。

現在已很清楚，有關捐獻的兩大古代傳統——什一奉獻與天課——能夠提供世上所有必要之慈善事業的基本所需。只要明智地使用，完全足以創造一個世界所需的槓桿，讓每個人都能過著有尊嚴的生活，滿足他們的基本物質需求。同時也能大幅降低對我們世界構成威脅的危機事件的風險，並且爲科學發現與藝術創作打開無數可能性的大門。

我認爲這實在了不起。我們的宗教傳統創造出一種提倡捐獻標準的承諾，並且能完美適用於我們的現代世界。這是許多人都可以承擔的奉獻，同時也能籌措足夠的資金來改變我們的未來。在歷史長河中，大多數的人都是生活在赤貧之中，苟延殘喘。今天，文明爲我們創造出讓生活大爲改觀的財富。如果我們願意做出可以承擔的犧牲，大家一起，我們幾乎能夠挹注我們未來的所有需求。

總結而言，如果有心爲善的人同意將慷慨承諾當作社會規範，它將發揮四項關鍵性的功能：

- 鼓舞每一個立下承諾的人持續捐贈，即使是在比較難熬的年頭，或者他們原本可能會忘記的時候。

- 承諾的觀念很容易與別人分享，使其本身就成爲一種具有感染力的慷慨。
- 一旦承諾的金額確定下來，承諾者更可能花時間思考如何善加利用他們的捐獻，而不只是對一次性的呼籲做出反應。
- 受到充分遵守的承諾會爲世界帶來宏大的願景，可以跨越分歧，團結與激勵不同國籍、宗教信仰與收入階層的人們。

因此，我誠摯地邀請你前往GiveWhatWeCan.org立下承諾，並且鼓勵別人跟進。你可以一開始的時候承諾小筆捐贈，然後再根據你能承擔的速度逐步增加到收入的百分之十或是資產淨值的百分之二·五。如果我們有足夠多的人這麼做，就眞的可以改變所有事情。

CHAPTER 14

交給你了——一封「年度檢查」的邀請函

本書的第三部，我們花了些時間想像一個未來：慷慨能夠在世界上扮演更爲顯赫的角色——無論網際網路、企業或慈善事業。

那你呢？是否有一個未來，慷慨會成爲你生活中更爲豐富、深刻與別具意義的一部分？我們在上一章思考了個人財務捐贈承諾的意義。但正如我們所見，慷慨不僅在於把錢送出去，也可以在於我們的時間、才智與資源。尤其在於我們的思維。

我們可以做些什麼來讓慷慨成爲我們的核心特質之一？而我們又該如何衡量？首先，我們必須認識到每個人的情況都有所不同。一對父母每天要辛苦照顧重度殘障的孩子之後所表現出來的慷慨，與一位成功的企業人士以樂於施捨金錢所展現的慷慨，兩者之間是很難比較的。

不過即使我們的個人情況存在巨大差異，我依然相信有方法能將我們大家都納入某個單一、簡單又非常有用的框架之內。這要回到我在引言中所提出的，可能是一個人所能自問的最重要問題：我們是付出者，還是索取者？

我的建議是：一年一次，或許是在我們的新年新計畫中，或許是我們在度假期間啜飲咖啡的時候，或許是在十一月下旬的慈善星期二，我們約定騰出一個小時來反省我們的生活，以尋求我們對這個基本問題的答案。

當然，沒有一套明確的數學方法可以求解。這關乎的是個人真誠的自我反省。不過我發現將這個問題分成七個小題很有幫助。你不必對每項問題都做出肯定的答覆，只要對其中幾題表示肯定，就代表你已經在向前邁進了。

以下是這七個小題：

一、我從事的工作基本上是對世界有所貢獻，還是在進行剝削？如果你所工作的公司或組織爲公衆利益帶來正面的效益，對你在付出與索取的資產負債表上是一個大大的加分。考慮到我們在工作上所花費的時間，我們所做的事情是正面性質確實意義重大。如果不是，你能推動什麼改變嗎？你擁有的力量可能超乎你所知道的。而假如你不是爲別人工作，你自己的生產力時間是否以某種方式爲公益做出貢獻？如果你以自己的創造力爲別人帶來歡樂，或是一位全職父母悉心拉拔孩子成爲能讓你感到自豪的模樣？那麼你就值得在這個問題上有一個肯定的答覆。

二、在我的私人時間裡，我是否定期幫助別人？如果你每週花上超過兩小時的時間做志工、擔任某人的照護者，或倡導你所信仰的事業，你就是用時間來表現出慷慨。有許多人一週只有二十個小時的自由時間——也就是沒有在工作、用餐、睡覺，或是從事某些義務的時間——若是將其中百分之十的時間用在無私的目的上，就等於是什一奉獻了。如果你明顯沒有二十個小時這麼多的自由時間，對你所擁有的時間應用相同的百分之十原則也一樣合理。

三、我的碳足跡是否可以完全抵換？你可以利用如carbonfootprint.com這類的網站來計算。與其爲結果感到愧疚，你其實可以決定予以抵換，或者更進一步，加倍抵換，換句話說，就是向信譽卓著的來源購買相當於你一年碳足跡之兩倍的碳抵換。這可爲你實際的碳足跡與抵銷效果間無可避免的不確定性帶來緩衝，同時也能幫助你確信自己對我們所住的星球是慷慨的。對一個在西方國家過著普通生活的人來說，雙倍的碳抵換大約是一年五百美元。用於碳抵換的所有支出都可計入財務捐獻的一部分。

四、我是否向他人提供我的個人資源與技能？每一年，回顧你與他人分享某樣東西的時刻，無論是好客之情、有價值的財產、知識、你樂意傳授的技能或開放你的人際網絡。這些都是你值得爲之驕傲的慷慨例子。並非每人都擁有相同的資源。在一群朋友之中，有人可能擁有一棟房子、兩份薪水和充足的育兒時間；與此同時，也有人正在苦苦掙扎謀生。問題不在於你付出的是否和你認識的誰一樣多，而是你的付出是否多過索取。

五、我在金錢方面是否慷慨？最簡單的回答方式，就是利用前一章介紹的，去

GivingWhatWeCan.org填寫一份有關你財務狀況的機密問卷，比較他們的建議與你實際的捐贈情況。你的長期目標是捐贈你所得的百分之十或資產淨值的百分之二．五，不過大部分人都需要時間來逐步達成目標。

六、我是否時時抱持慷慨的心態？當然，這是所有慷慨形式中的關鍵。不論你是在街上或網路上，如果你抱持慷慨心態，一切都會不同，試著去尋找他人最好的一面，與為他人帶來好心情的機會。

我的一個朋友讀了這本書的初稿，寫了一封信給我，令我深受感動。「我自從讀了你的草稿之後，我發現我一再自問一個問題：**我所做每一件事的最慷慨版本會是什麼樣子？**我在吃早餐時間問自己這個問題，要吃得健康讓自己變得更好；問我妻子，她這一天要怎麼過，有什麼需要我幫忙的；確保送孩子去幼兒園之前，除了準備出門的工作外，這一小時能充滿歡樂、音樂與嬉鬧。我也在咖啡店、超級市場、停車場問了自己這個問題；我幫別人開門、與陌生人進行更多交談、多買杯咖啡給別人。對於我認識的人，我也會自問這個問題，這促使我買禮物給我的同事，打開家門歡迎剛經歷離婚打擊的朋友。還有，當然，我在線上工作時，也問過自己這個問題百萬遍。」

我朋友這個美妙的問題源自慷慨的心態，而問題也有助於在當下增強這種心態。爲了發揚慷慨精神，我也開始問自己這個問題，並且邀請你也這麼做。我並不認爲我們每天二十四小時隨時都能遵循這樣的標準，但是如果我們能夠設法回到這個問題，一切都會改變。

現在，來到最後一小題……

七、我是否在尋找一切機會讓我的慷慨——與別人的慷慨——變得具有感染力？

這也許是最重要的一個問題。本書旨在推廣只要我們給予慷慨機會、我們就能聯手打造一個充滿希望的未來的觀念。這意謂著我們要抓住每一個機會，去注意、去讚揚。我們要找尋默默耕耘的無名英雄，幫助他們被世人看見。利用你們的社群媒體與社交網絡宣揚歌頌我們善的一面的故事。與他人組成團隊，找出你們能一起做些憑一己之力無法做到的事。（你可以從邀請一群朋友共進晚餐開始！）如果時機合適，請毫不遲疑分享你自己的善意之舉。慷慨需要廣爲傳播，讓我們實現它的願望。

你可能會認爲，每年自問自答這些問題會令人氣餒，並且帶來壓力與罪惡感。我認爲恰恰相反。我覺得這是在邀請你了解自我，也邀請你下定決心，這對你和你所愛之人的長遠利益都大有裨益。這是在邀請你成爲你想成爲的人，這是在邀請喜悅的到來。

如果這樣的自我反思能引導你做出原本不會做的事情，一切都會變得可能。在這個所有人都緊緊相繫的時代，一個慷慨的舉動就可能具有無可限量的影響力。我最後有一則故事正可以完全證明這點——一盒衛生紙的禮物觸發了一項激勵數十萬人的運動。以下就是事情經過。

善意大流行

二〇二〇年三月，澳洲因新冠肺炎疫情而封鎖，媒體上充斥著死亡、混亂與民衆囤積日用品的報導。當地反年齡歧視運動領袖凱瑟琳·貝瑞特（Catherine Barrett）明白有許多人情味的小故事都不爲人知。當時大家都瀕臨崩潰，但也有很多人在努力嘗試做些什麼。有一天，她的一個鄰居在大樓的公共桌上放了一盒衛生紙，附了一張便條，上面簡單地寫道：「想哭就抽張面紙吧。」凱瑟琳對這項舉動深受感動，因爲它顯示了某人了解大家都在受苦。

她於是有了一個主意。她在臉書上創立了一個社團，名爲「善意大流行」（Kindness Pandemic），並且發布那盒衛生紙與便條的照片。她寫道：「這個單純的舉動意義非凡。我設立此一社團的目的在傳播善意……我也希望這個社團能夠恢復我們彼此間的信心。」她邀請大家「讓善意發聲」，分享他們自己與別人的善意小故事。

這個臉書社團成長得太迅速，一度造成功能當機。「人們厭倦了分歧、厭倦了仇恨，他們也厭倦了缺乏同情心，」凱瑟琳在接受凱特訪問時說道。「從所有留言看過去，人們都在說『這才是我們需要的。』」社團很快就成長到超過五十萬人，一週接一週，來自世界各地的成員訴說著他們自己或所目睹的善舉故事。凱瑟琳決心進一步推廣善意大流行，於是做了一件頗爲大膽的事。她創造了一個簡單的架構，讓其他人可以自行使用善意大流行的品牌，以便在地社團的建立與協調合作。不消多久，臉書上就有超過七十個地區性的善意大流行社團，不僅傳播著有關善舉的故事，也引導成員使用當地的服務與資源。來到任何一個善意大流行社團的訪客都會看見一幅溫暖人心的拼貼畫，由在地與全球成千上萬的善行隨機組成。以下是幾個例子：

翠西．羅威德（Tracey Rohweder）：「感謝昨天一二〇號公車上的女士。她發現了我女兒因爲把書包忘在公車站所以很不開心。感謝你用關懷、體諒的媽媽語氣來安慰她，這正是她需要的。你查看她的情況，要她做幾個深呼吸，還表示願意替她打電話找人幫忙。她有焦慮症與自閉症，害怕得無法動彈。是你的善意讓她恢復平靜，她也才能夠打電話給我，告訴我事情經過。今天我們拿回書包了！你拯救了她，還有我！」

金潔．羅傑斯（Ginger Rogers）：「這些花是今天一個小男孩在我經過他家時給我的。他當時正在花園裡玩，他看到我，要我等一下，然後摘了幾朵花送到我手上。那個小男孩可能無法想像這個不經意的善舉對我如何意義重大。」

社團成員：「我爸的喪禮今天舉行，在威爾斯，距離這裡將近一萬七千公里。我沒辦法去參加。牧師請我的親戚讓我爲爸爸錄一段話，在喪禮上播放……有個我完全不認識的年輕女士凱蒂，將喪禮從頭到尾直播給我看，從離開家、儀式、悼詞……在棺木後面隨行，來到墓地、在威爾斯的鄉間下葬，讓遠在澳洲的我全程參與。我的工作夥伴也送給我一條柔軟的毯子和一個關懷包裹，支持我度過這場差不多在半夜的直播。我無法用言語表達所有這些善舉對我度過悲傷有多大的幫助。」

社團成立後有超過兩年時間，像這樣的故事不斷地湧入。這是名副其實的善意大流行，而且是由一個人自然而然的舉動所觸發的。

我們還有多少這樣的善意大流行？在一個人人相互連結的時代，眞的是不可限量。透過成爲一個付出者，我們不僅逆轉了自己生活的資產負債表，也鼓舞其他人一起變得慷慨。

我們人類無需像夢遊般過生活。我們與其他任何物種不同，我們有能力退後一步、反思、想像、獨自或大家一起下定決心。我們全都是未來的共同作者，而我們共同書寫的故事可能會讓我們驚訝萬分。

後記

好了，親愛的讀者，我們已一同經歷了一趟精彩的旅程，對於慷慨有了一番新的理解。你也慷慨地與我進行了思想與情感上的交流。但是現在呢？你要怎麼做呢？在你返回你忙碌的生活之際，我有幾句最後的忠告希望你能記住。這些話既是結語、也是宣言，更是情書。

每一個人都有給予的潛力。這種衝動深植我們內心，只要在我們對別人的需要敞開胸懷時就會被激發出來。當我們分享我們的時間、金錢或創造力時，這些行爲也會引發相同的回應。所以，一旦開始了，慷慨精神就會像野火般四處蔓延。隨著這樣的精神由一個人傳遞到另一人身上，許多人的生命都會因此受惠。這樣的轉變使我們能夠親眼目睹人類發揮潛能，對抗世間的冷嘲熱諷，促使大家團結一致，爲共同的目標奮鬥。

網際網路使人類善良本性發揚光大的可能性大增。迄今，網際網路往往傾向我們最糟糕的本性，引發憤怒、恐懼與分裂。不過我們可以設法修正。我們相互連結的關係使我們能夠以過去絕不可能的方式來發揮慷慨精神，與全球數以百萬計的人分享我們最優質的知識與創作。更甚於此的是，我們也能分享慷慨的故事，爲眾人帶來啟發與滿足。

大家都能加入這個行列。你不必是富人或是創意天才。如果你能建立慷慨思維；嘗試去了解你不同意的人的觀點；以善意的言詞來取代殘忍冷酷，你就能夠改變風向。通往慷慨的道路並非只有一條，不過大家都可以致力於付出勝於需索。

企業與組織也扮演著關鍵性的角色。我們的相互連結改變了我們應該給予什麼、保留什麼的規則。每一個組織都應該花一天的時間來想像他們能奉獻什麼，來爲世界帶來驚喜與歡樂。你愈是大膽與發揮創造力，你的慷慨也就愈有可能形成令人興奮的漣漪效應，讓你的名聲煥然一新。

慷慨始於感激。當我們停頓片刻，我們會記起不可勝數讓我們感激的事情。如果我們將此舉變成美好的日常習慣，它自然就會給予我們回報世界的一種渴望，並將慷慨注入我們日常生活之中。我們可以從簡單的日行一善開始，或是為我們關心的議題投入時間，擔任志工、輔導，以及參與網路倡議。我們也可以做出金錢上的承諾——針對我們經過仔細思考後決定優先關切的慈善項目，每年捐獻我們所得的百分之十或是資產淨值的百分之二．五。如果這樣的承諾能被廣泛採用，我們就能籌集足夠的經費來解決人類所面臨的每一個問題。

即使是我們之中最慷慨的人，也是難以掌握最佳的捐贈時機與最好的捐贈方式。這是一項要靠頭腦與心靈共同完成的工作。投入時間深入研究一個你所關切的議題。與此同時，你也需要提出一些重要問題：這個問題有多大？這個問題有多容易解決？這個問題受到忽視的程度是多少？尋找能夠帶來影響的組織。以你的捐款來提供他們解決問題的機會。你可能永遠無法確定你的錢財的「最佳」用途，不過你最好還是踴躍捐款，並且從中學習，而不是膽怯地不敢承擔任何風險。最重要的是，尋找與你志同道合的合作夥伴。組成團隊來推動改變，成果可能會更令人滿意。當我們聯手合作，我們能獲得更多成就，同時也從中得到更多的快樂。

這是一個重新想像慷慨可以如何轉化我們的時刻；是夢想以宏大的慈善事業來因應全球需要的機會；也是敦促具有遠見的企業選擇站在歷史正確的一邊。這是一般民眾發動的全球起義，致力於拿回網際網路的主導權，使其成爲促進世界向善的力量。我們準備好再度爲未來感到興奮嗎？現在是時候了！

對你個人而言，這意謂著最難以捉摸、最具啟發性與最美好的事情：對意義的追求。我們生來就是要相互連結，所以，就盡你所能地給予。要打開創造力，要勇敢，要與人協同合作。讓慷慨的魔力蕩漾在全宇宙。

如果你這麼做，若有天你一覺醒來，聽見內心的低語：「我從未感到如此快樂。」千萬不要感到訝異。

邀請

我要邀請你在infectiousgenerosity.org繼續你的慷慨之旅。

你會在這裡找到許多慷慨的故事，並且連結本書所提及的多項資源。

你也有機會認識我們所創造的一個了不起的ＡＩ助理：伊吉（Iggy），你的無形夥伴。伊吉的任務是在你思考該如何做出最佳的捐贈時，給予你個人化的建議與陪伴。我們相信，至少，伊吉也能讓你臉上浮起微笑。

你在這裡同時也可以找到輕鬆將《慷慨的感染力》送給你朋友與同事的方法，讓他們也加入你的旅程。

最重要的是，你能夠分享你的見解與你自己的慷慨故事。我們迫不及待想收到你的消息！

致謝

本書是由一群才華橫溢又慷慨的人共同創造出來的。

凱特・漢妮（Kate Honey）用好幾個月的時間尋找數十則有關慷慨及其感染力的故事，將枯燥的觀念轉變爲充滿希望的現實。凱特聰慧善良，爲本書的完成貢獻良多。

湯姆・克萊德溫（Tom Cledwyn）爲本書創建了一個由ＡＩ驅動的網站（infectiousgenerosity.org），他也是我們品牌與行銷的首腦。我對他深刻的見解與創意才華心悅臣服。

我有幸擁有一群值得信賴的朋友與親人鼓勵我著手展開這個著書計畫，審閱我的初稿，無數次從錯誤和死胡同中拯救了我。他們是珍妮・漢妮（Jeanie Honey）、貝絲・漢若格拉茲（Beth Novogratz）、桑尼・貝茲（Sunny Bates）、奇伊・帕爾曼（Chee Pearlman）、辛蒂・斯蒂弗斯（Cyndi Stivers）、史蒂夫・派屈尼克（Steve Petranek）、奧托・柯爾（Otho Kerr）、阿奇・梅瑞迪斯（Arch Meredith）與羅伯・瑞德（Rob Reid）。能認識各位是我的幸運。

多位TED演講人與其他成員都慷慨地騰出時間來爲這本書進行審核與提出建議，包括強納森・海德（Jonathan Haidt）、安德魯・索羅門（Andrew Solomon）、布瑞尼・布朗（Brené Brown）、丹・帕洛特（Dan Pallotta）、史蒂芬・平克（Steven Pinker）、亞當・格蘭特（Adam Grant）、伊萊・帕里澤（Eli Pariser）、大衛・波戴尼（David Bodanis）、彼德・辛格（Peter Singer）、史考特・庫克（Scott Cook）、泰瑞・摩爾（Terry Moore）、艾倫・迪波頓（Alain de Botton）、麗芙・波利（Liv Boeree）、威廉・麥克阿斯基爾（William MacAskill）、娜塔莉・卡吉爾（Natalie Cargill）、湯姆・提爾尼（Tom Tierney）。

伊莉莎白・鄧恩（Elizabeth Dunn）是神祕實驗團隊的領導人，對本書的完成居功厥偉。該團隊的其他成員有西拉・歐法諾（Sheila Orfano）、雷恩・德懷爾（Ryan Dwyer），以及馬拉納・威特（Malanna Wheat）。

若非一群無與倫比的人士造就了今日的TED，這一切都無法實現。我尤其要感謝傑伊．賀瑞提（Jay Herratti）、林賽．萊文（Lindsay Levin）、安娜．瓦吉斯（Anna Verghese）、海倫．華特斯（Helen Walters）、羅根．史默利（Logan Smalley）、蜜雪兒．昆特（Michelle Quint），他們給予我寶貴的編輯建議與鼓勵。我也要感謝前同事朱妮．科恩（June Cohen）與傑森．威什諾（Jason Wishnow），他們的努力使TED演說得以在線上播放。不過說眞的，我要感謝TED的每一位。你們每天都讓我感到驚訝與欣喜。

有一支非凡的專業團隊在協助將此專案推向世界的過程中功不可沒。托德．舒斯特（Todd Shuster），我的經紀人，對本書的信念從未動搖，即使是在初稿一團混亂的時候。我在大西洋對岸的編輯，卓蒙德．莫爾（Drummond Moir）與保羅．惠特拉奇（Paul Whitlatch），最初對本書給予了坦率的批評而使我深受打擊，不過接著又向我展示應該如何修改。他們實在是才華橫溢、思路清晰。事實上，在見識卓越的出版人大衛．德雷克（David Drake）領導下，企鵝藍燈書屋（Penguin Random House）的整支團隊的表現只能說是棒到破紀錄：創意、大膽、勤奮——對了，還有慷慨。

我的母親，葛溫蒂．安德森（Gwendy Anderson），二十年來一直住在療養院內，她美麗的心靈被一次中風所摧毀。我現在再也無法告訴她這件事了，不過她堅持在充分了解別人的故事之前不要評論別人，是我將「慷慨思維」置於本書核心位置的原因。

柔伊．安德森（Zoe Anderson）體現了光輝閃耀的慷慨。她的生命在二十四歲時不幸戛然而止，但是她的精神與所有認識她的人同在，這是我所知道最爲美麗動人、富有感染力的慷慨模範。

我很幸運擁有一個每天都能爲我帶來歡樂與感恩之心的家庭：我了不起的女兒，伊莉莎白（Elizabeth）與安娜（Anna）；女婿喬伊（Joe）與山姆（Sam）；外孫贊德（Zander）、克拉拉（Clara）以及梅瓦（Maeva），還有我的生活伴侶賈桂琳，她的生活充滿了慷慨、愛、決心與勇氣，讓我讚嘆不已。

我最後要感謝那些所有無私奉獻時間、才能與金錢的無名英雄們。在這世上有數十億的你們，正在致力於塑造一個充滿希望的未來。

推薦資源

以下全部資源都可以輕鬆自infectiousgenerosity.org連接。

推薦書籍

Bregman, Rutger. *Humankind: A Hopeful History.* London: Bloomsbury, 2019.

Coombes, Joshua. *Do Something for Nothing: Seeing Beneath the Surface of Homelessness, Through the Simple Act of a Haircut.* London: Murdoch Books, 2021.

Dickson, Mike. *Our Generous Gene.* Generous Press, 2016.

Dunn, Elizabeth, and Michael Norton. *Happy Money: The New Science of Smarter Spending.* London: Oneworld Publications, 2014.

Guzmán, Mónica. *I Never Thought of It That Way: How to Have Fearlessly Curious Conversations in*

Dangerously Divided Times. New York: BenBella Books, 2022.

Hopkins, Rob. *From What Is to What If: Unleashing the Power of Imagination to Create the Future We Want.* London: Chelsea Green Publishing, 2019.

MacAskill, William. *What We Owe the Future: A Million-Year View.* London: Oneworld Publications, 2023.

Ryan, M. J. *Radical Generosity: Unlock the Transformative Power of Giving.* Newburyport, MA: Conari Press, 2018.

Singer, Peter. *The Life You Can Save: How to Play Your Part in Ending World Poverty.* Basingstoke, UK: Picador, 2010.

Smith, Christian, and Hilary Davidson. *The Paradox of Generosity: Giving We Receive, Grasping We Lose.* Oxford, UK: Oxford University Press, 2014.

Wahba, Orly. *Kindness Boomerang: How to Save the World (and Yourself) Through 365 Daily Acts.* New York: Flatiron, 2017.

Williams, Matthew. *The Science of Hate.* London: Faber and Faber, 2021.

TED演講

可從TED網站或YouTube搜尋觀看。

Mike Dickson: "What is enough?"

Elizabeth Dunn: "Helping others makes us happier—but it matters how we do it."

Michael Norton: "How to buy happiness."

Mary Portas: "Welcome to the Kindness Economy."

Alex Sandler: "What is a gift economy?"

Orly Wahba: "Making kindness viral."

Adam Grant: "Are you a giver or a taker?"

Melinda and Bill Gates: "Why giving away our wealth has been the most satisfying thing we've done."

Dan Harris: "The benefits of not being a jerk to yourself."

Sara Lomelin: "Your invitation to disrupt philanthropy."

Mundano: "Trash cart superheroes."

Daniel Pallotta: "The way we think about charity is dead wrong."

Peter Singer: "The why and how of effective altruism."

John Sweeney: "Why kindness matters."

Alain de Botton: "Atheism 2.0."

Nicholas Christakis: "The hidden influence of social networks."

Lily Yeh: "From broken to whole."

Jon Ronson: "When online shaming goes too far."

Jim Hagemann Snabe: "Dreams and details for a decarbonized future."

Daryl Davis: "Why I, as a black man, attend KKK rallies."

Dylan Marron: "Empathy is not endorsement."

Hamdi Ulukaya: "The anti-CEO playbook."

Sir Ken Robinson: "Do schools kill creativity?"

Jeffrey Walker: "Creating whole-table discussions over dinner."

Priya Parker: "3 steps to turn everyday get-togethers into transformative gatherings."

Podcasts

Chesterfield, Alex, Laura Osbourne, and Ali Goldsworthy. *Changed My Mind*. Depolarisation Project.

GoodGoodGood. *Sounds Good with Branden Harvey.*

Karabell, Zachary, and Emma Varvaloucas. *What Could Go Right?* The Progress Network.

Marron, Dylan. *Conversations with People Who Hate Me.*

Voss, Michael Gordon. *Giving with Impact*. "Giving Circles for Greater Community Impact" 這集節目尤其推薦。

慈善事業與慷慨的生活

- Giving What We Can是一所研究中心，主要建議捐贈者如何從事最有效的慈善行動：www.givingwhatwecan.org。
- GivingWell爲捐贈者尋找最突出的捐贈機會，以達到最大效果。
- The Audacious Project辨認出大膽但可行的想法，尋求合力支持：www.audaciousproject.org。
- GivingTuesday是一非營利的全球性運動，鼓舞全球數以百萬計的人在感恩節後的週二踴躍慷慨捐輸：www.givingtuesday.org。
- GiveDirectly是一非營利組織，可以幫助捐贈者將捐款直到交到全球最貧窮的家庭手中：www.givedirectly.org。

・Acumen是一全球性的社團，以「耐心資本」投資企業來幫助開發中國家數以百萬計的民眾脫離貧困：http://acumen .org。

・Life Vest Inside是由TED演講人歐莉・瓦巴（Orly Wahba）所創立的一個非營利組織，「致力於鼓勵、賦權與教育來自各種背景的人，引導他們走入善良的生活之中。」：www.lifevestinside.com。

・What Is a Giving Circle?（由慈善事業集體設立的網站）是一份有趣與資訊豐富的指南，介紹如何開展一個捐贈圈與爲何應該如此：http://whatisagivingcircle.com。

・Grapevine.org是免費提供數據基礎設施，幫助朋友圈設立捐贈圈：www.grapevine.org。

・Every.org是對各種規模的慈善機構與基金提供數據化的籌資基礎設施：www.every.org。

以解決方案為本的新聞業

・Future Crunch是一家根據數據來推動全球積極性趨勢的中心，每週爲訂戶提供振奮人心的報導與故事：http://futurecrunch.com。

- Reasons to Be Cheerful是由音樂家大衛・拜恩（David Byrne）所設立的網站，旨在整理與檢視「針對全球最急迫問題的高明、經過驗證與可重複使用的解決方案。」：http://reasonstobecheerful.world。
- Positive News是一共同擁有的印刷與線上雜誌，旨在「將人們、社區與讓世界變得更美好的組織連結在一起。」：www.positive.news。
- GOOD Worldwide是一具有社會影響力的B型企業，旨在關注人類的進步，擁有一億五千萬名受衆。該公司有兩大媒體分支：Upworthy提供鼓舞人心的故事，GOOD則是提供深度分析與報導：http://goodinc.com。

橋接與款待

- 橋接組織Living Room Conversations出版了數百份交談指南幫助人們集會討論具有爭議性的議題：http://livingroomconversations.org/topics/。

- 橋接組織Braver Angels免費提供如何以互相尊重的態度在線上連結的課程：http://braverangels.org/online-skills-for social-media/。
- The Big Lunch是一年一度的全球社區聚會，旨在拉近關係、進行表揚與幫助人們改善居住的環境：www.edenproject.com/mission/our-projects/the-big-lunch。
- StoryCorps是一致力於分享眾人故事的組織，旨在「建立連結……創造一個不僅只有同情心的世界。」：http://storycorps.org。
- We Are Weavers，由TED演講人大衛・布克斯（David Brooks）創設的組織，支持「深刻關係與社區成功要高於個人成就」的理念：http://weareweavers.org。
- BridgeUSA的「他X的讓我們來談一談吧」（Let's F**ing Talk to Each Other）運動主要對抗大學校園與其他地方的兩極化情況：www.bridgeusa.org/lets-f-ing-talk/。

各章參考資源

引言

- **The greater the sense:** Jim Davies, "We Aren't Selfish After All," *Nautilus,* April 29, 2020, https:// nautil .us/ we -arent -selfish -after -all -237799.
- When the clip was posted online: Reddit user T6900, "R/humansbeingbros—Random downpour in DC, this guy jumps out of his car to share an umbrella with a couple down on their luck." Reddit, 2022, www .reddit .com/ r/ HumansBeingBros/ comments/ u57grb/ random _downpour _in _dc _this _guy _jumps _out _of _his/.

第一章

- **TED Talks have been translated:** "TED Translators," TED, 2023, www .ted .com/ about/ programs -initiatives/ ted -translators.
- *Harvard Business Review:* Nilofer Merchant, "When TED Lost Control of Its Crowd," *Harvard Business*

Review, April 2013, https:// hbr .org/ 2013/ 04/ when -ted -lost -control -of -its -crowd.

- **As of 2023:** Data from www .joshtalks .com/ josh -talks/.
- **"The only way we'll do it":** Ken Robinson, "Do schools kill creativity?," TED, 2006, www .ted .com/ talks/ sir _ken _robinson _do _schools _kill _creativity.

第11章

- **Wildlife sound recordist:** Andy Corbley, "Wildlife Sound Recordist Releases Treasured Audio Collection for Free—to Awe and Inspire the World," Good News Network, February 23, 2022, www .goodnewsnetwork .org/ 200 -of -martyn -stewart -sound -records -are -available -for -free -on -soundcloud.
- **Bridging organization Living Room Conversations:** "Conversation Topics," Living Room Conversations, 2023, https:// livingroomconversations .org/ topics/.
- **US hip-hop duo Run the Jewels:** Daniel Kreps, "Run the Jewels to Make New Album 'Free for Anyone Who Wants Some Music,'" *Rolling Stone,* May 31, 2020, www .rollingstone .com/ music/ music -news/ run -the -jewels -4 -free -1008096.
- **The iconic French photographer:** Yann Arthus-Bertrand, "A wide-angle view of fragile earth," TED,

2009, www .ted .com/ talks/ yann _arthus _bertrand _a _wide _angle _view _of _fragile _earth.

- **YouTuber @joejoezidane:** YouTube account @HUMAN The movie, "HUMAN The movie (Director's cut version)," YouTube, April 14, 2020, www .youtube .com/ watch ?v = fC5qucSk18w.
- **Likewise, the ability for musicians:** Clare Mulroy, "Spotify Pays Artists (Sort of), but Not per Stream. Here's How It Breaks Down," *USA Today,* October 22, 2022, https:// eu .usatoday .com/ story/ life/ 2022/ 10/ 22/ how -much -per -spotify -stream/ 8094437001.
- **"I've got to build something":** Interview of Matthew Burrows by Kate Honey, May 5, 2022.
- **To take the example of Patreon:** "Our Story," Patreon, 2023, www .patreon .com/ about.
- **When billionaire Robert Smith:** Dimitra Kessenides, "Robert Smith Pays Off Student Loans at Morehouse College," *Bloomberg News,* December 14, 2019, www .bloomberg .com/ news/ articles/ 2019 -12 -04/ robert -smith -pays -off -student -loans -at -morehouse -college.
- **Back in 2014:** Jon Ronson, "When online shaming goes too far," TED, July 20, 2015, www .ted .com/ talks/ jon _ronson _when _online _shaming _goes _too _far.
- **The philosopher Alain de Botton:** Alain de Botton, "Atheism 2.0," TED, 2011, www .ted .com/ talks/ alain _de _botton _atheism _2 _0.

第三章

- **For what it's worth:** Wayne E. Baker and Nathaniel Bulkley, "Paying It Forward vs. Rewarding Reputation: Mechanisms of Generalized Reciprocity," *Organization Science* 25, no. 5 (Oct. 2014): 1493–510, https:// doi .org/ 10 .1287/ orsc .2014 .0920.
- **The fact that CEOs:** Kate Gibson, "It Takes 300 Worker Salaries to Equal the Average CEO's Pay, Data Show," CBS News, July 14, 2021, www .cbsnews .com/ news/ ceo -pay -300 -worker -salaries -compensation.
- **And it is shocking:** Credit Suisse Research Institute, *Global Wealth Databook 2022,* Credit Suisse, 2022, www .credit -suisse .com/ media/ assets/ corporate/ docs/ about -us/ research/ publications/ global -wealth -databook -2022 .pdf.
- **As the French economist:** Thomas Piketty, *Capital in the Twenty-First Century* (Cambridge, MA: Harvard University Press, 2014), 519–27.
- *Forbes* **magazine estimates:** Chase Peterson-Withorn, "Forbes' 36th Annual World's Billionaires List: Facts and Figures 2022," *Forbes,* April 5, 2022, www .forbes .com/ sites/ chasewithorn/ 2022/ 04/ 05/ forbes -36th -annual -worlds -billionaires -list -facts -and -figures -2022.
- **According to calculations by** Forbes: Rachel Sandler, "The Forbes Philanthropy Score 2022: How

Charitable Are the Richest Americans?," *Forbes,* September 27, 2022, www .forbes .com/ sites/ rachelsandler/ 2022/ 09/ 27/ the -forbes -philanthropy -score -2022 -how -charitable -are -the -richest -americans/ ?sh = 6d0efebfa098.

第四章

- **When a video:** Sudeept Mishra, "Bhopal Braveheart Dives Under Moving Train to Save Girl, Heroism Caught on Camera," *Times of India,* February 11, 2022, https:// timesofindia .indiatimes .com/ city/ bhopal/ bhopal -braveheart -dives -under -moving -train -to -save -girl -heroism -caught -on -camera/ articleshow/ 89515582 .cms.
- **For example, in one study:** Samuel L. Gaertner and John F. Dovidio, "The Common Ingroup Identity Model," in Paul A. M. Van Lange, Arie W. Kruglanski, and E. Tory Higgins, eds., *Handbook of Theories of Social Psychology,* vol. 2 (Thousand Oaks, CA: Sage Publications, 2012), 439–57.
- **The widespread reading of novels:** Claudia Hammond, "Does Reading Fiction Make Us Better People?," BBC, June 3, 2019, www .bbc .com/ future/ article/ 20190523 -does -reading -fiction -make -us -better -people.
- **But in the case of generosity:** Jonathan Haidt, "Wired to Be Inspired," *Greater Good,* March 1, 2005,

https:// greatergood .berkeley .edu/ article/ item/ wired _to _be _inspired.

- **Our instinctive self:** Daniel Kahneman, *Thinking, Fast and Slow* (London: Penguin, 2012), 20–30.
- **The polling firm Gallup:** Data from Gallup World Poll 2013, www .gallup .com/ analytics/ 349487/ gallup -global -happiness -center .aspx (closed access).
- **In her TED Talk:** Elizabeth Dunn, "Helping others makes us happier—but it matters how we do it," TED, 2019, www .ted .com/ talks/ elizabeth _dunn _helping _others _makes _us _happier _but _it _ matters _how _we _do _it.
- **This creates a dangerous asymmetry:** Ed O'Brien and Samantha Kassirer, "People Are Slow to Adapt to the Warm Glow of Giving," *Psychological Science* 30, no. 2 (2019): 193–204.

第五章

- **It estimated that:** Ryan J. Dwyer and Elizabeth W. Dunn, "Wealth Distribution Promotes Happiness," *Proceedings of the National Academy of Sciences* 119, no. 46 (2022): 2–3.

感恩時刻

- **After a humiliating 360-degree review:** Dan Harris, "The benefits of not being a jerk to yourself," TED,

2022, www .ted .com/ talks/ dan _harris _the _benefits _of _not _being _a _jerk _to _yourself.

- “**Begin by opening your eyes”:** Brother David Steindl-Rast, “Gratitude | Louie Schwartzberg | TEDxSF,” YouTube, June 11, 2011, www .youtube .com/ watch ?v = gXDMoiEkyuQ.

第六章

- **“In the hour that followed”:** Joshua Coombes, *Do Something for Nothing: Seeing Beneath the Surface of Homelessness, Through the Simple Act of a Haircut* (London: Murdoch Books, 2021), 10.
- **Joshua has garnered:** Instagram account @joshuacoombes has 156,000 followers as of June 2023.
- **When Joshua posted:** Coombes, *Do Something for Nothing,* 106.
- **“Give the benefit of the doubt”:** Coombes, *Do Something for Nothing,* 219.
- **“the way to skyrocket through the algorithm”:** Dylan Marron, *Conver sations with People Who Hate Me: 12 Things I Learned from Talking to Internet Strangers* (New York: Atria Books, 2022), loc. 14, Kindle.
- **“You’re a piece of shit”:** Marron, *Conversations with People Who Hate Me,* loc. 99.
- **In his TED Talk:** Dylan Marron, “Empathy is not endorsement,” TED, 2018, www .ted .com/ talks/ dylan _marron _empathy _is _not _endorsement.
- “**the most subversive thing”:** Marron, “Empathy is not endorsement.”

- “**Before I met Craig”:** *Changed My Mind* podcast, “Becoming Friends with Your Arch Enemy with Leah Garcés,” Spotify, June 2020, https:// open .spotify .com/ episode/ 76PEwtrQrdD3MGzS0z15gV ?si = 826a6812692247e2.
- **Taiwan’s inaugural minister:** Carl Miller, “Taiwan’s Crowdsourced Democracy Shows Us How to Fix Social Media,” Reasons to Be Cheerful, September 27, 2020, https:// wearenotdivided .reasonstobecheerful .world/ taiwan -g0v -hackers -technology -digital -democracy.
- **Since then, their lessons:** Statistic from Khan Academy YouTube channel, www .youtube .com/ @khanacademy.
- **In her TED Talk:** Elizabeth Dunn, “Helping others makes us happier—but it matters how we do it,” TED, 2019, www .ted .com/ talks/ elizabeth _dunn _helping _others _makes _us _happier _but _it _ matters _how _we _do _it.
- **“I felt it”:** Orahachi Onubedo, “Under the Hoodie—Ada Nduka Oyom, DevRel Ecosystem Community Manager with Google,” BenjaminDada, July 20, 2021, www .benjamindada .com/ under -the -hoodie -ada -nduka -oyom.
- **As of 2023:** Statistic from She Code Africa website, https:// shecodeafrica .org/.
- **He wrote that:** Rory Stewart, “Books: ‘The Places in Between,’ ” *Washington Post,* August 10, 2006,

www .washingtonpost .com/ wp -dyn/ content/ discussion/ 2006/ 08/ 03/ DI2006080300716 .html.

- **In his remarkable book:** Donald Brown, *Human Universals* (New York: McGraw-Hill, 1991), loc. 1500, Kindle.
- **Even a decade ago:** Guy Trebay, "Guess Who Isn't Coming to Dinner," *New York Times,* November 28, 2012, www .nytimes .com/ 2012/ 11/ 29/ fashion/ saving -the -endangered -dinner -party .html.
- **"I felt an emptiness inside":** TEDx Talks YouTube channel, "From broken to whole: Lily Yeh at TEDxCornellU," YouTube, December 20, 2013, www .youtube .com/ watch ?v = fVCXF6PN0g4.
- In 2020: "An Artist Is Creating a Rainbow Square in Gloucester," BBC, May 13, 2022, www .bbc .co .uk/ news/ uk -england -gloucestershire -61421731.
- In Lyon, France, an artist: Ian Phillips, "France's Answer to Banksy: The Anonymous Street Artist Filling Potholes with Colourful Mosaics," *Guardian,* September 11, 2022, www .theguardian .com/ artanddesign/ 2022/ sep/ 11/ frances -answer -to -banksy -the -anonymous -street -artist -filling -potholes -with -colourful -mosaics -.
- Busy New Yorkers: "The Sing for Hope Pianos on CBS Sunday Morning," YouTube, SingForHope YouTube channel, February 3, 2022, www .youtube .com/ watch ?v = 2kGLILDaeK0 & t = 1s.
- In locked-down Florence: @MuhammadLila Twitter account, "During Italy's quarantine . . . ," March 14, 2020, https:// twitter .com/ muhammadlila/ status/ 1238671011698151427 ?s = 21.

- In South Waziristan: Asad Hashim, "Pakistan Musicians Fill Silence in Former Taliban Stronghold," Al Jazeera, February 28, 2018, www .aljazeera .com/ features/ 2018/ 2/ 28/ pakistan -musicians -fill -silence -in -former -taliban -stronghold.

第七章

- **For example, in 2022:** Elle Hunt, " 'They Filmed Me Without My Consent': The Ugly Side of #Kindness Videos," *Guardian,* January 31, 2023, www .theguardian .com/ technology/ 2023/ jan/ 31/ they -filmed -me -without -my -consent -the -ugly -side -of -kindness -videos.
- **All the money he gets:** @MrBeast Twitter account, "Twitter—Rich people should help others . . . ," Twitter, January 30, 2023, https:// twitter .com/ MrBeast/ status/ 1620195967008907264.
- **A group of friends:** Heather Wake, "The Way These 'Samurai Litter Pickers' Clean the Streets Is Kinda the Coolest Thing Ever," Upworthy, July 2, 2022, www .upworthy .com/ samurai -litter -pickers -japan.
- **As Mundano spray-painted:** Mundano, "Trash cart superheroes," TED, 2014, www .ted .com/ talks/ mundano _trash _cart _superheroes.
- **Mockus could have responded:** Mara Cristina Caballero, "Academic Turns City into a Social Experiment," *Harvard Gazette,* March 11, 2004, https:// news .harvard .edu/ gazette/ story/ 2004/ 03/

academic -turns -city -into -a -social -experiment.

- **During Mockus's leadership:** Caballero, "Academic Turns City into a Social Experiment."
- **Some critics think:** "Ice Bucket Challenge Dramatically Accelerated the Fight Against ALS," ALS Association, June 4, 2019, www .als .org/ stories -news/ ice -bucket -challenge -dramatically -accelerated -fight -against -als.
- **The humor and the personal engagement:** "About Us—Financials," Movember, 2022, https:// us .movember .com/ about/ money.
- **CNN heard about this strange relationship:** Mallory Simon and Sara Sidner, "What Happened When a Klansman Met a Black Man in Charlottesville," CNN, July 16, 2020, https:// edition .cnn .com/ 2017/ 12/ 15/ us/ charlottesville -klansman -black -man -meeting/ index .html.
- **As he said:** TEDx Talks YouTube channel, "Why I, as a black man, attend KKK rallies | Daryl Davis | TEDxNaperville," YouTube, December 8, 2017, www .youtube .com/ watch ?v = ORp3q1Oaezw.
- **It sometimes burns bright:** "Mamoudou Gassama: Mali 'Spiderman' Becomes French Citizen," BBC, September 13, 2018, www .bbc .co .uk/ news/ world -europe -45507663.
- **And it sometimes has:** Sirin Kale, " 'He's a Hero'—the Teacher Who Hand-Delivered 15,000 Free School Meals in Lockdown," *Guardian,* November 13, 2021, www .theguardian .com/ lifeandstyle/

2021/ nov/ 13/ hes -a -hero -the -teacher -who -hand -delivered -15000 -free -school -meals -in -lockdown.

- **When Covid hit the UK:** "Obituary: Captain Sir Tom Moore, a Hero Who Gave a Nation Hope," BBC, February 2, 2021, www .bbc .co .uk/ news/ uk -52726188.
- **The Grammy-winning:** Claire Schafer, "OK Go Premiere New Song for Frontline COVID-19 Workers," *Rolling Stone,* May 13, 2020, www .rollingstone .com/ music/ music -news/ ok -go -all -together -now -covid -19 -998665/.
- **Deeply moved:** OK Go YouTube account, "OK Go Sandbox—Behind the Scenes of #ArtTogetherNow," YouTube, 2021, www .youtube .com/ watch ?v = W0S7SA6DVfk & t = 335s.
- **By 2020:** Mark Savage, "BTS Were the Top-Selling Act in the World Last Year," BBC, February 24, 2022, www .bbc .co .uk/ news/ entertainment -arts -60505910.
- **To celebrate the birthdays:** @KimNamjoonPHL Twitter account, "Plant Today, Save Tomorrow . . . ," Twitter, September 8, 2019, https:// twitter .com/ KimNamjoonPHL/ status/ 1170581124646457344 ?s = 20.
- **Thousands of native trees:** "BTS Fans Build Forest in RM's Name as Birthday Gift," *Soompi,* September 3, 2019, www .soompi .com/article/ 1349882wpp/ bts -fans -build -forest -in -rms -name -as -birthday -gift; AllKPop user btsarmykook, " 'BTS Jungkook Forest No. 4' Created by Fans to Improve Biodiversity in Collaboration with the Korean Federation for Environmental Movement," AllKPop, November 19,

2021, www .allkpop .com/ article/ 2021/ 11/ bts -jungkook -forest -no -4 -created -by -fans -to -improve -biodiversity -in -collaboration -with -the -korean -federation -for -environmental -movement.

- **The International Network of Crisis Mappers:** Statistics from International Network of Crisis Mappers website, http:// crisismapping .ning .com.
- **In the spring of 2017:** *Sounds Good* podcast, "3 Myths About Changing the World," April 5, 2021, www .goodgoodgood .co/ podcast/ amy -wolff -3 -myths -about -changing -the -world.
- **Wolff didn't make a cent:** *Sounds Good* podcast, "3 Myths About Changing the World."

第八章

- **"Human progress is not":** Email correspondence between author and Steven Pinker, March 3, 2023.
- **When you take all causes:** Max Roser, Hannah Ritchie, Esteban Ortiz-Ospina, and Lucas Rodés-Guirao, "World Population Growth," Our World in Data, 2023, https:// ourworldindata .org/ world -population -growth.
- **To take just one example:** Global Health Observatory, "Child Mortality and Causes of Death," World Health Organization, 2023, www .who .int/ data/ gho/ data/ themes/ topics/ topic -details/ GHO/ child -mortality -and -causes -of -death.
- **A classic social psychology paper:** Roy F. Baumeister and Ellen Bratslavsky, "Bad Is Stronger Than

Good," *Review of General Psychology* 5, no. 4 (2001): 323–70.

- **Yet penicillin would play:** Peter Hogg, "Top 10 Most Important Drugs in History," *Proclinical,* January 18, 2022, www .proclinical .com/ blogs/ 2022 -1/ top -10 -most -important -drugs -in -history.
- **She quickly committed:** Nick Statt, "MacKenzie Scott Has Already Donated Nearly $1.7 Billion of Her Amazon Wealth Since Divorcing Jeff Bezos," *The Verge,* July 28, 2020, www .theverge .com/ 2020/ 7/ 28/ 21345440/ mackenzie -scott -jeff -bezos -amazon -wealth -donation -philanthropy.
- **"It was the local dentist":** MacKenzie Scott, "No Dollar Signs This Time," Yield Giving, December 8, 2021, https:// yieldgiving .com/ essays/ no -dollar -signs -this -time.

第九章

- **In Tibetan Buddhism:** Derek Beres, "Idiot Compassion and Mindfulness," Big Think, October 30, 2013, https:// bigthink .com/ articles/ idiot -compassion -and -mindfulness/.
- **In the United States and Europe:** Austin Frakt, "Putting a Dollar Value on Life? Governments Already Do," *New York Times,* May 11, 2020, www .nytimes .com/ 2020/ 05/ 11/ upshot/ virus -price -human -life .html.
- **But, according to givewell.org:** "How We Produce Impact Estimates," GiveWell, April 2023, www .givewell .org/ impact -estimates.

- **For about $70:** Statistic from KickStart website, https:// kickstart .org/ how -we -work/; "KickStart MoneyMaker Hip Pump," Engineering for Change, 2023, www .engineeringforchange .org/ solutions/ product/ moneymaker -hip -pump/.
- **Even after taking into account:** *2022 Annual Report,* KickStart, June 2023, 3, https:// kickstart .org/ wp -content/ uploads/ 2023/ 06/ 2022 _KickStart -Annual -Report -1 .pdf.
- **Ninety million dollars. That's leverage:** David W. Brown, "A Security Camera for the Planet," *New Yorker,* April 28, 2023, www .newyorker .com/ news/ annals -of -climate -action/ a -security -camera -for -the -planet.
- **In philanthropic terms:** Safeena Husain, "A bold plan to empower 1.6 million out-of-school girls in India," TED, 2019, www .ted .com/ talks/ safeena _husain _a _bold _plan _to _empower _1 _6 _million _out _of _school _girls _in _india.
- **After countless setbacks:** "Lighting the Way: Roadmaps to Exits in Off-Grid Energy," Acumen, 2019, 18, https:// acumen .org/ wp -content/ uploads/ acumen -exits -off -grid -energy -report .pdf.
- **Eighty public-benefit programs:** Amanda Renteria, "A bold plan to transform access to the US social safety net," TED, 2022, www .ted .com/ talks/ amanda _renteria _a _bold _plan _to _transform _access _to _the _us _social _safety _net.

- **To take a typical example:** Renteria, "A bold plan to transform access to the US social safety net."
- **When the pandemic hit:** Renteria, "A bold plan to transform access to the US social safety net."
- **With the support of national health systems:** Raj Panjabi, "No one should die because they live too far from a doctor," TED, 2017, www .ted .com/ talks/ raj _panjabi _no _one _should _die _because _they _live _too _far _from _a _doctor/ transcript.
- **Patreon allows millions:** "The Story of Patreon," Patreon, 2023, www .patreon .com/ about.
- **Today hundreds of thousands:** *Unleashing Generosity Globally: 2022 Impact Report,* GivingTuesday, 2023, 22, https:// issuu .com/ givingtues/ docs/ 2022 _givingtuesdayimpactreportfinal.
- **The donors who fund:** Based on email correspondence with Giving-Tuesday.

第十章

- **"We're facing 25 years":** Peter Schwartz and Peter Leyden, "The Long Boom: A History of the Future, 1980–2020," *Wired,* July 1, 1997, www .wired .com/ 1997/ 07/ longboom.
- **In 2010, I gave a TED Talk:** Chris Anderson, "How web video powers global innovation," TED, 2010, www .ted .com/ talks/ chris _anderson _how _web _video _powers _global _innovation.
- **When he failed to get:** Roger McNamee, "How Facebook and Google Threaten Public Health—and

Democracy," *Guardian,* November 11, 2017, www .theguardian .com/ commentisfree/ 2017/ nov/ 11/ facebook -google -public -health -democracy.

- **A year later, Nick Bostrom:** Nick Bostrom, "What happens when our computers get smarter than we are?," TED, 2015, www .ted .com/ talks/ nick _bostrom _what _happens _when _our _computers _get _smarter _than _we _are.
- **At TED in 2017:** Tristan Harris, "How a handful of tech companies control billions of minds every day," TED, 2017, www .ted .com/ talks/ tristan _harris _how _a _handful _of _tech _companies _control _billions _of _minds _every _day.
- **The following year at TED:** Jaron Lanier, "How we need to remake the internet," TED, 2018, www .ted .com/ talks/ jaron _lanier _how _we _need _to _remake _the _internet.
- **And in 2019:** Carole Cadwalladr, "Facebook's role in Brexit—and the threat to democracy," TED, 2019, www .ted .com/ talks/ carole_cadwalladr _facebook _s _role _in _brexit _and _the _threat _to _democracy.
- **Every day we query:** Maryam Mohsin, "10 Google Search Statistics You Need to Know," *Oberlo* (blog), January 13, 2023, www .oberlo .com/ blog/ google -search -statistics; Peter Dizikes, "Why Social Media Has Changed the World—and How to Fix It," *MIT News,* September 24, 2020, https:// news .mit .edu/ 2020/ hype -machine -book -aral -0924; Manish Singh, "WhatsApp Is Now Delivering Roughly

100 Billion Messages a Day," *TechCrunch,* October 30, 2020, https:// techcrunch .com/ 2020/ 10/ 29/ whatsapp -is -now -delivering -roughly -100 -billion -messages -a -day/.

- **A shocking report in the UK:** "How Long Do Brits Spend Scrolling Through Their Phones?," Lenstore, January 11, 2022, www .lenstore .co .uk/ eyecare/ how -long -do -brits -spend -on -their -phones.
- **According to researchers:** Matthew Williams, *The Science of Hate: How Prejudice Becomes Hate and What We Can Do to Stop It* (London: Faber and Faber, 2021), loc. 351, Kindle.
- **Following the Brexit vote:** Williams, *The Science of Hate,* loc. 350.
- **Here are some:** Williams, *The Science of Hate,* loc. 351.
- **After one such announcement:** Michelle Castillo, "Facebook Plunges More Than 24 Percent on Revenue Miss and Projected Slowdown," CNBC, July 25, 2018, www .cnbc .com/ 2018/ 07/ 25/ facebook -earnings -q2 -2018 .html.
- **A hopeful moment:** Twitter user @elonmusk, "New Twitter will strive . . . ," Twitter, December 30, 2022, https:// twitter .com/ elonmusk/ status/ 1608663342956302337.
- **In China:** "China: Children Given Daily Time Limit on Douyin—Its Version of TikTok," BBC, September 20, 2021, www .bbc .co .uk/ news/ technology -58625934.
- **One of the most persuasive arguments:** Stuart Russell, "3 principles for creating safer AI," TED, 2017,

www .ted .com/ talks/ stuart _russell _3 _principles _for _creating _safer _ai.

第十一章

- **But in 2018:** Jim Hagemann Snabe, "Dreams and details for a decarbonized future," TED, 2022, www .ted .com/ talks/ jim _hagemann _snabe _dreams _and _details _for _a _decarbonized _future.
- **Since no one had an answer:** Snabe, "Dreams and details for a decarbonized future."
- **In 2016, he had two thousand people:** Sam Thielman, "Chobani Millionaires: Employees Could Split 10% of Yogurt Company Windfall," *Guardian,* April 26, 2016, www .theguardian .com/ business/ 2016/ apr/ 26/ chobani -employee -shares -yogurt -public.
- **It has become:** Matthew Johnstone, "Chobani IPO: What You Need to Know," Investopedia, November 18, 2021, www .investopedia .com/ chobani -ipo -what -you -need -to -know -5210079.
- **In his TED Talk:** Hamdi Ulukaya, "The anti-CEO playbook," TED, 2019, www .ted .com/ talks/ hamdi _ulukaya _the _anti _ceo _playbook.
- **A survey in late 2022:** Martin Armstrong, "The Size of the Company 'Given Away' to Save the Planet," Statista, September 15, 2022, www .statista .com/ chart/ 28257/ patagonia -inc -revenue -company -db/; "The Top 15 Coolest Clothing Brands According to Gen Z and Millennials," YPulse, August 18, 2022,

www .ypulse .com/ article/ 2022/ 08/ 18/ the -top -15 -coolest -clothing -brands -according -to -gen -z -and -millennials/.

第十二章

- **For example, in technology:** Data from companiesmarketcap .com, https:// companiesmarketcap .com/ tech/ largest -tech -companies -by -market -cap/.
- **And in early 2023:** "More Than $1B Catalyzed for 2023 Audacious Projects," *TEDBlog,* April 27, 2023, https:// blog .ted .com/ 2023 -audacious -projects/.

第十三章

- **Numerous charities out there:** "Our Top Charities," GiveWell, December 2022, www .givewell .org/ charities/ top -charities.

第十四章

- **Here are just a few:** All posts from the Kindness Pandemic Facebook page, www .facebook .com/ groups/ 515507852491119.

作者與譯者簡介

・作者：克里斯・安德森 Chris Anderson

TED總裁。TED是一個非營利機構，致力於分享寶貴的觀念，其主要媒介是TED演講（TED Talk）——向全球觀衆免費提供的線上短篇演講。克里斯一九五七年出生於巴基斯坦一座偏遠的村落內，他的父母在當地從事醫療傳教的工作。自英格蘭位於巴斯（Bath）的寄宿學校畢業後，他進入牛津大學，於一九七八年以哲學、政治與經濟學位畢業。克里斯成爲一位記者，曾爲多家報社與廣播電台工作。一九九四年，克里斯遷居至美國，成爲一位媒體創業家。在頂峰時，他的公司擁有一百五十家雜誌與網站，並且聘有二千名員工。二〇〇一年，克里斯的基金買下TED大會，當時這是在加州蒙特瑞舉行的年會組織，主要是邀請在科技、娛樂以及設計領域的專家與知名人士齊聚一堂，分享心得。他將該大會的範圍擴增至所有的領域，包括科學、企業與重大的世界議題。他同時也增設人才交流計畫與TED獎，前者迄今大約已有三百位成員，後者則是給予得獎人「一個改變世界的願望」。TED舞台現在已是來自各領域的思想家與實踐家分享他們的觀念與工作，捕捉想像、啟發對話與鼓勵發現的場所。在全球志願者的幫助下，TED演講已翻譯成逾百種語言，每年有超過十億的觀看人次。

克里斯前一本著作是名列《紐約時報》暢銷榜的《TED Talks說話的力量》。

・譯者：王曉伯

曾任職財經媒體國際新聞中心編譯與主任多年。著有《華爾街浩劫》、《葛林史班：全世界最有權力的央行總裁》（合著）。譯作包括《一切都會好轉的》、《AI製造商沒說的祕密》、《菁英體制的陷阱》、《光天化日搶錢》、《有溫度的品牌行銷》、《我們爲什麼要上街頭？》。

next 321

慷慨的感染力：在善良被低估的年代，讓善意泛起漣漪

作　者—克里斯．安德森 Chris Anderson
譯　者—王曉伯
副總編輯—陳家仁
協力編輯—張黛瑄
企　劃—洪晟庭
封面設計—陳恩安
內頁排版—李宜芝

總 編 輯—胡金倫
董 事 長—趙政岷
出 版 者—時報文化出版企業股份有限公司
108019 台北市和平西路三段 240 號 4 樓
發行專線—（02）2306-6842
讀者服務專線—0800-231-705（02）2304-7103
讀者服務傳真—（02）2302-7844
郵撥—19344724 時報文化出版公司
信箱—10899 臺北華江橋郵政第 99 信箱

時報悅讀網—http://www.readingtimes.com.tw
法律顧問—理律法律事務所 陳長文律師、李念祖律師
印刷—勁達印刷有限公司
初版一刷—二〇二四年五月三十一日
初版五刷—二〇二四年八月二十七日
定價—新台幣四八〇元
（缺頁或破損的書，請寄回更換）

時報文化出版公司成立於一九七五年，
並於一九九九年股票上櫃公開發行，於二〇〇八年脫離中時集團非屬旺中，
以「尊重智慧與創意的文化事業」為信念。

慷慨的感染力 : 在善良被低估的年代 , 讓善意泛起漣漪 / 克里斯 . 安德森 (Chris Anderson) 著 ; 王曉伯譯 . -- 初版 . -- 臺北市 : 時報文化出版企業股份有限公司 , 2024.05
360 面 ; 14.8x21 公分 . -- (next ; 321)
譯自 : Infectious generosity : the ultimate idea worth spreading
ISBN 978-626-396-171-5(平裝)

1.CST: 修身 2.CST: 生活指導

192.1　　113004945

Infectious Generosity: The Ultimate Idea Worth Spreading by Chris Anderson
This edition published by arrangement with Crown , an imprint of the Crown Publishing Group, a division of Penguin Random House LLC
through Andrew Nurnberg Associates International Limited

ISBN 978-626-396-171-5
Printed in Taiwan